国際バカロレア教員になるために

TOKとDP6教科の学びと授業づくり

半田淳子 [編著]

大修館書店

まえがき

　2017年12月に大修館書店から『国語教師のための国際バカロレア入門』という本を出版した後、この本をお読みいただいた方々から「他の教科の入門書もほしい」「続編は出版されないのか」という嬉しいお言葉を頂戴しました。折しも、2018年から2019年にかけて、「言語A」や「言語B」のガイドラインが改訂され、私自身も最新版を出版したいと思うようになりました。また、勤務先の国際基督教大学が2019年4月にIB教員養成プログラムを開始したこともあり、今回はIB教員をめざす方々の参考になるような本にしたいと思い、DP（ディプロマ・プログラム）のTOK（知の理論）と6教科7科目についての実践報告と、各大学の教員養成プログラムの概要、現職教員の方々からのメッセージを収録することにしました。

　第1章は、IB教育全般についての概説です。第1章では、IBの使命や学習者像、三つのプログラムの概要、「学習の方法」と「指導の方法」、エリクソンの「概念理解」、カミンズのBICSとCALP、ヴィゴツキーの「発達の最近接領域」等について簡単に触れています。既にIB教育について十分にご存じの方は、第1章を読み飛ばし、第2章から読み始めてくださってもかまいません。

　第2章は、「知の理論（TOK）」とDPの6教科7科目についての実践報告です。TOKはDPを特徴づける必修科目で、DPの6教科の中核に位置する科目ですが、指導内容や教え方が分からないという声をよく聞きます。TOKでは、知識を学ぶのではなく、知識そのものに関する根本的な問いを扱います。本書では、どのような授業が行われているのかを紹介するだけでなく、TOKでの学びを通じて生徒たちがどのように成長したかについても紹介しています。

　「言語A：言語と文学」は、いわば国語教育に相当する科目です。2019年2月に新ガイドラインが公開され、三つの「探究領域」と七つの「重要概念」が指定されました。本書では、村上春樹の『神のこどもたちはみな踊る』（新潮社、2000年）所収の「かえるくん、東京を救う」を事例として取り上げ、新ガイドラインの要素をどのように盛り込み、授業を展開していくの

かを詳細に紹介しています。単元案は明日からの授業づくりに役立つだけでなく、文学教材を国語の授業で扱う意義についても考える糸口を与えてくれています。

　「言語Ｂ」は、外国語教育です。選択できる外国語は様々ですが、１条校のIB認定校の多くが英語を選択します。いわゆる英語教育です。一方、インターナショナルスクールの場合は、日本語教育を選択する学校も少なくありません。本書では、英語教育と日本語教育の双方の実践報告を収録しました。なお、「言語Ｂ」は2018年にガイドラインが改訂され、本書では新ガイドラインに基づく実践報告を収録しています。言語教育は、IB教育の根幹に位置づけられるものです。外国語教育の中心はコミュニケーション能力の育成ですが、単なる語彙や文法の学習ではなく、IBでは探究すべき五つのテーマや「概念」が与えられ、それらとの関連で授業を構築し展開していきます。また、HL（上級レベル）では教材として文学作品を扱うことになっています。

　まず、「言語Ｂ（英語）」では、アイデンティティーについて、国や言語など様々な視点から探究しつつ、人種差別の問題について考察するような授業展開になっています。IBならではのユニットプランナーを利用した授業づくりも参考になると思います。次に、「言語Ｂ（日本語）」では、国内のインターナショナルスクールの日本語の授業を紹介しています。漢字や語彙、文法学習も大切ですが、意味のある文脈のなかで日本語を使えることを目指しています。「バリアフリー」というテーマに沿ったフィールドトリップという探究活動の事例も紹介しています。

　「個人と社会」の領域からは、「歴史」を取り上げました。「歴史」の授業と聞くと、年代と出来事を暗記することを思い浮かべる人が多いかと思いますが、IBでは学ぶべきテーマやトピックが与えられ、担当教員がそれらをもとに単元を構築していきます。「歴史」の授業でも重視されるのは概念的学習であり、本書では、「第一次、第二次アヘン戦争」を題材に、イギリスと清朝の貿易システムの違いや外交交渉に着目し、戦争が勃発した原因や結果を探究した授業実践を紹介しています。また、Google docs や Kahoot など実際の授業で使えるアイディアや、ICTの活用方法なども紹介してい

ます。

「理科」の領域からは、「生物」を取り上げました。1年次に「生物基礎」
を履修した生徒が対象ですが、非常に高度で専門的な内容を扱っていること
が分かります。本書では、DP 2年間の「生物」のスケジュールも詳しく紹
介しました。「生物」の授業でも、学ぶべきトピックと「概念」が明確に示
され、担当教員はそれに合った教材を選び、授業を展開していきます。IB
教育では、常に本質的な問いを生徒に考えさせるわけですが、そのために「科
学の本質（NOS）」といセクションが設けられています。たとえば「生物」
の「体系」という概念は、新約聖書の一節「はじめに言葉ありき」や人種隔
離政策という歴史とも結びついており、本稿を読めば IB の学びの深さや豊
かさを実感できるはずです。

2019 年には、「数学」のガイドラインも改訂されています。本書で扱う
離散数学は、現行の数学教育では余り扱うことのない内容ですが、近年の
IT の発展にとっては大変に重要な分野と言えます。「数学」と聞くと、数字
ばかりが並び、抽象的で、日常生活とどのように関連しているのかを想像し
にくいかもしれませんが、本書では現実的な場面への理論や知識の応用が紹
介されており、数学が苦手な人にも面白さがが実感できるはずです。ナビゲー
ション・システムに数学の理論が使われていることや、最短経路問題をめぐ
る教師と生徒との活き活きとしたやり取りも紹介されており、IB「数学」
の授業を疑似体験できます。

6教科の最後は、「芸術」科目です。本書では「美術」の実践報告を紹介
しました。DP では6教科から1科目ずつを履修することになっています
が、「芸術」の代わりに他の教科から科目を選択することもできます。「芸術」
も授業時間数は変わりませんので、専門性の高い体系だった芸術教育を行う
ことができます。「美術」では「比較研究」「プロセスポートフォリオ」「展示」
の三つの課題に取り組みます。先人の芸術作品の比較分析に始まり、実際に
作品を創作していくわけですが、自らの作品に関しても製作意図や手法、影
響を受けた作家などを客観的に考察し、記録に残します。制作した複数の作
品に関しては、キャプションをつけて展示もします。個別作業のようですが、
グループでアイディアを出し合ったり、芸術におけるオリジナリティとは何

かという本質的な問いに向き合ったりもします。

　第3章では、IB 教員養成を行っている国内の7大学に関して、各大学の教育の特徴や、プログラムの概要、履修科目、モデルカリキュラム等を紹介しました。本章を読めば、それぞれの大学の IB 教員養成の特徴を理解してもらえると思います。各大学の問い合わせ先も掲載してあります。また、IB 教員養成を行う大学として、IB 機構に認可されるまでのプロセスや、大学及び大学院で、どのような教員養成の授業が行われているのかについても併せて紹介しました。

　巻末には、現職の IB 教員の方々のメッセージを収録しました。寄稿してくださった先生方は、現在、国内の公立及び私立の一条校や海外の IB 認定校で教鞭を執られている方々で、なかには IB 試験採点官や IB のワークショップリーダーを務められている方もいらっしゃいます。また、勤務校でMYP や DP のコーディネーターも兼務なさっている方もいます。IB 教員になった経緯、日々の授業づくりの工夫、IB 教員を目指す後輩へのメッセージを掲載しました。お読みいただければ、より IB 教育への関心が高まるものと思います。

　まずは興味のある章から、一番身近な教科の実践報告から、読み始めてみてください。きっと、「こういう授業が受けてみたかった」、自分も「IB 認定校で教えてみたい」と思われるに違いありません。

　　　　　　　　　　　　　　　　　　　　　　　　　　　半田淳子

目次

第3章 IBの教員養成

第1章

国際バカロレア（IB）とは何か

国際バカロレア（IB）とは何か

┃キーワード┃ 学習者像、指導の方法、学習の方法、概念理解、逆向き
設計、母語の尊重

1——IB の使命と学習者像

　国際バカロレア（International Baccalaureate、以下、IB）機構とは、
1968 年にスイスのジュネーブに発足した非営利教育財団である。当初はイ
ンターナショナル・スクールの卒業生に国際的な基準で大学入学資格を与え
るべく、共通カリキュラムの作成や世界統一試験（以下、最終試験）の実施、
大学入学資格の授与などを行っていたが、現在では、世界各国の現地校にも
IB 機構が提供する教育プログラムは広く受け入れられている。日本でも
1979 年以降、IB の教育プログラムを修了し、最終試験に合格した者は、大
学入学に関して、高等学校卒業と同等以上の学力があると認められように
なった。さらに、ここ数年は、IB 教育に対する評価が高まり、IB の資格を
大学入学審査に積極的に活用する大学も増えつつある。2019（令和元）年
12 月の時点で、20 の国立大学、6 の公立大学、35 の私立大学が IB のスコ
ア等を活用した大学入学者選抜を行っている[1]。

　このように多方面で注目を集めている IB 教育だが、その魅力は世界で通
用する大学入学資格が取得できるからだけではない。むしろ、教育全般を通
じてより良い社会を築こうとする IB の理念や、後述する学習者中心のカリ
キュラムにあると言ってよい。IB は、以下のような使命（Mission
Statement）を掲げている。

　　国際バカロレア（IB）は、多様な文化の理解と尊重の精神を通じて、
　　より良い、より平和な世界を築くことに貢献する、探究心、知識、思い
　　やりに富んだ若者の育成を目的としています。

この目的のため、IBは、学校や政府、国際機関と協力しながら、チャレンジに満ちた国際教育プログラムと厳格な評価の仕組みの開発に取り組んでいます。

IBのプログラムは、世界各地で学ぶ児童生徒に、<u>人がもつ違いを違いとして理解し</u>、自分と異なる考えの人々にもそれぞれの正しさがあり得ると認めることのできる人として、積極的に、そして<u>共感する心をもって生涯にわたって学び続ける</u>よう働きかけています。

(『国際バカロレア（IB）の教育とは？』p.1、下線は引用者)

IBの使命は、IBの四つの教育プログラムを推進する上での基盤であり、かつ指針でもある。さらに、個々の生徒たちがIBの使命をどのように学びのなかで実現していくかを具体的な目標として示したものが、「学習者像（Learner Profile）」である。「学習者像」は、IB教育が特に価値を置く人間性を10の人物像として分かりやすく表現している（以下参照）。

「探究する人 Inquirers」
「知識のある人 Knowledgeable」
「考える人 Thinkers」
「コミュニケーションができる人 Communicators」
「信念をもつ人 Principled」
「心を開く人 Open-minded」
「思いやりのある人 Caring」
「挑戦する人 Risk-takers」
「バランスのとれた人 Balanced」
「振り返りができる人 Reflective」

こうした「学習者像」からも明らかなように、IBは調和の取れた人間性の全面的な発達を意味する「全人的な教育」（ホリスティック）という性質を持っている。IB教育を受けている生徒たちは、これらの目標を実現すべく日々努力すること

を求められているが、IB の「使命」や「学習者像」は、学校がカリキュラムを作成したり、教員が教育活動に従事したりする際の重要な指針にもなっている。その意味では、教師自身も IB の理念や「学習者像」を追求する人でなければならないというわけである。

2──IB の教育プログラム

　IB は、3 歳から 19 歳までを対象とする 4 種類の教育プログラムを組織している。学習者の年齢や目的に応じて、PYP（Primary Years Programme、3 歳～12 歳）、MYP（Middle Years Programme、11 歳～16 歳）、DP（Diploma Programme、16 歳～19 歳）、CP（Career-related Programme、16 歳～19 歳）の 4 種類である。IB 教育を実施するには、IB 機構の審査を受け、IB World School（以下、IB 認定校）として認可を受ける必要がある。文部科学省（以下、文科省）は、IB 教育の普及と推進の拠点として、2018 年 5 月に文部科学省 IB 教育推進コンソーシアム（以下、IB コンソーシアム）を立ち上げたが、IB コンソーシアムによると、2020 年 6 月の時点での IB 認定校の数は、インターナショナル・スクールなど各種学校が 39 校、『学校教育法』第一条に規定されている一条校が 44 校となっている。内訳は、PYP の実施校が 43 校、MYP が 19 校、DP が 51 校である。PYP から DP まで、一貫したプログラムを実施しているインターナショナル・スクールも 8 校ある[2]。

　次に、科目の構成だが、初等教育に相当する PYP は、Language（言語）、Mathematics（算数）、Science（理科）、Social Studies（社会）、Arts（芸術）、Physical, Social and Personal Education（体育：身体・人格・社会性の発達）の 6 教科であり、授業をおこなう上での指導言語は自由に選択できる。基本的に、芸術や体育を除いては、クラス担任が全教科の指導に当たるため、教科に特化した学習というよりは、いくつかのテーマや概念についての教科横断的な学びを展開することになる。

　PYP に続く MYP は、中等教育の前半に当たる課程だが、「全人的な学習」（ホリスティック）「多文化理解」「コミュニケーション」の三つの基本理念を指針に掲げている（『MYP：原則から実践へ』p.4）。先の「学習者像」で言えば、「バラン

スのとれた人」「心を開く人」「コミュニケーションができる人」という人物像に合致する。科目の構成は、Language and Literature（言語と文学）、Language Acquisition（言語習得）、Individuals and Societies（個人と社会）、Science（理科）、Mathematics（数学）、Arts（芸術）、Physical and Health Education（保健体育）、そして Design（デザイン）の8教科で、どの教科も年間50時間以上の学習時間を確保することが求められている。「個人と社会」という教科には「歴史」や「地理」といった分野が、「理科」には「生物」「化学」「物理」といった分野が含まれており、日本の一条校でも対応しやすい。PYP と同様、指導言語の指定はなく、生徒たちの母語で授業を行うことが可能である。

一方、中等教育の後半となる DP は、Studies in Language and Literature（言語と文学）、Language Acquisition（言語習得）、Individuals and Society（個人と社会）、Sciences（理科）、Mathematics（数学）、そして The Arts（芸術）の6グループ（教科）から構成され、それぞれの教科には、以下のとおり幾つかの科目が含まれている（「IB コンソーシアム」及び IBO の HP より）。ちなみに、DP は2年間のプログラムである。

▼表1　IBDP の教科と科目の例

教科	科目の例
言語と文学	言語 A：文学、言語 A：言語と文学、文学と演劇
言語習得	初級語学、言語 B
個人と社会	ビジネス管理、経済、地理、グローバル政治、歴史、心理学、環境システムと社会、情報テクノロジーとグローバル社会、哲学、社会・文化人類学、世界の宗教
理科	生物、化学、物理、デザインテクノロジー、環境システムと社会、コンピュータ科学、スポーツ・運動・健康科学
数学	数学スタディーズ SL、数学 SL/HL、数学：応用と解釈、数学：分析とアプローチ
芸術	音楽、美術、ダンス、フィルム、演劇

　DP のカリキュラムでは、各教科から 3 科目（または 4 科目）を Higher Lever（以下、HL：2 年間の学習時間が 240 時間）で学び、残りの 3 科目（または 2 科目）を Standard Level（以下、SL：2 年間の学習時間が 150 時間）で学ぶことになっている。さらに、DP のカリキュラムの中核（コア）となる「知の理論（TOK：Theory of Knowledge）」「課題論文（EE：Extended Essay）」「創造性・活動・奉仕（CAS：Creativity/Activity/Service）」も必修である。TOK は、2 年間で 100 時間の学習時間が必要で、エッセイとプレゼンテーションを実施する。EE は卒業論文のようなもので、各自で関心のある探究テーマを決め、英文であれば 4,000 語、日本語の場合は 8,000 字のエッセイを執筆する。生徒は約 40 時間を EE に費やすことになっている。EE は TOK の成績と合計して、最高 3 点が IB の最終成績に加算される。一方、CAS は、活動の成果が点数化されることはなく、その名称が示すとおり、生徒が主体的に、創造的な活動や身体的活動、社会奉仕に関わる活動などに取り組む。生徒は DP 開始とともに CAS に取り組み、週に 1 回のペースで 18 か月にわたって継続し、CAS ポートフォリオに活動の記録をまとめる。

　DP を実施する日本の一条校 44 校のうち、DLDP（Dual Languages Diploma Programme）と呼ばれるプログラムを実施している学校が、24 校ある。DP の場合、PYP や MYP とは異なり指導言語にも規定があり、原則として、DP の授業や試験は英語・フランス語・スペイン語のいずれかで実施されることになっている。しかし、文科省の強い働きかけにより、現在は DP の一部の科目（コア科目のほかに、歴史、経済、地理、生物、化学、物理、数学、数学スタディーズ、音楽、美術など）を日本語で開講することも可能である。これを DLDP あるいは「日本語 DP」と呼んでいる。ただし、6 科目のうち、2 科目は日本語以外の言語で開講する必要がある。日本語 DP を実施する一条校では、「英語（「言語の習得」）」科目に加え、もう 1 科目を英語で開講することが一般的だ。

　DP の評価には在籍校の内部評価と IB 機構による外部評価があり、6 科目（各 7 点）の合計は 42 点で、それにコア科目（CAS を除く TOK と EE の合計）の 3 点を加えた 45 点が満点である。最終的に 24 点以上を取ると

国際バカロレア資格が授与される。最終試験は毎年5月と11月に実施されるが、一条校の場合、11月の試験を受験するのが一般的である。そのため、規定の学習時間数を確保する必要性から、高校1年生の3学期からDPを開始する学校も少なくない。また、最終試験のためだけでなく、IBの授業を受けたことのない生徒たちがIBの学習スタイルに慣れる意味でも、高校1年生の段階からIB的な要素を通常の授業に少しずつ導入しておくことは重要である。

　いずれのプログラムでも、担当教員が参考にすべき『指導の手引き』や『教師用参考資料』はあっても、日本のように『学習指導要領』に準拠した検定教科書のようなものはない。IBを担当する教師は、『指導の手引き』等を参考に、各科目のねらいや目標、内容を理解した上で、カリキュラムを開発し、独自の教材を用意しなければならない。つまり、IBプログラムはそれぞれの教師の力量が試されるカリキュラムなのである。それゆえ、IB機構は、教育の質を担保すべく国内外で教師研修を実施している。IBの教師もまた、生涯学習者（life-long learner）であるから、定期的に研修会に参加し研鑽を積むことが義務づけられている。

3――「指導の方法」と「学習の方法」

　先にも述べたように、IBには日本の『学習指導要領』のようなものは存在しないが、教師がどのような目標のもと、どのように授業を行えば良いかが、「指導の方法」と「学習の方法」（Approaches to Teaching and Learning）という形で明確に定められている。「学習の方法」は、以下のとおり、生徒自身が発達段階に応じて主体的に身につけるべき五つのスキルを示したものであり、すべてのIBプログラムに共通している。

- 批判的思考、創造的思考、倫理的思考などの分野を含めた思考スキル
- 情報の比較、対照、検証、優先順位づけなどのスキルを含むリサーチスキル
- 口頭および記述によるコミュニケーション、効果的な傾聴、および議論を組み立てることなどを含むコミュニケーションスキル

- 良好な社会的関係を築いて維持する、他者の話を傾聴する、対立関係を解消する、といった<u>社会性スキル</u>
- 時間や課題の管理といった管理・調整スキル、および感情やモチベーションを管理する情意スキルの両方を含む<u>自己管理スキル</u>
  （『国際バカロレア（IB）の教育とは？』p.9、下線は引用者）

　ただし、生徒が主体的に身につけるスキルであると言っても、それを可能にするシラバスでなければならず、教師は単元を計画する際に、使用する教材や授業内容が上記のどのスキルの習得と関係しているのかを明確にしておく必要がある。

　一方、「指導の方法」とは、IB の教育理念を実現するために、IB 担当教員が授業を行う際に常に念頭に置いておかなければならない指導方法であり、以下の６点が挙がっている。

- 探究を基盤とした指導
- 概念理解に重点を置いた指導
- 地域的な文脈とグローバルな文脈において展開される指導
- 効果的なチームワークと協働（コラボレーション）を重視する指導
- 学習への障壁を取り除くデザイン
- 評価を取り入れた指導

　半田（2019）でも述べたことだが、IB の「指導の方法」の大筋は、新『学習指導要領』（平成29年・30年改訂）で強調されている点とも共通している。例えば「探究を基盤とした指導」や「効果的なチームワークと協働（コラボレーション）を重視する指導」とは、『学習指導要領』の改訂ポイントに掲げられた「主体的・対話的で深い学び」（アクティブラーニング）のことであるし、「地域的な文脈とグローバルな文脈において展開される指導」も、「社会に開かれた教育課程」として新『学習指導要領』で重視されている。ただ、IB の教育をもっとも特徴づける「概念理解に重点を置いた指導」に関しては、新『学習指導要領』にも若干の記述は見られるが、その説明は十分とは言いがたく、今後

の教科指導に積極的に取り入れてほしい方法である。

　ここで「概念理解に重点を置いた指導」について、少し説明を加えておきたい。「概念理解」は、PYP から DP に至るまでの学びを貫く重要な柱である。「概念（concepts）」は、個々の学習内容を統合し、教科横断的な領域における関連性を示し、得られた知識を体系化する。『国際バカロレア（IB）の教育とは？』にも、「概念理解」は「各教科における理解を深め、児童生徒がつながりを見出し新しい文脈へと学びを転移させることを助ける（p. 8）」と説明されている。

　ちなみに、PYP が重視する基本概念とは、「Form：形式」「Function：機能」「Causation：原因」「Change：変化」「Connection：関係」「Perspective：ものの見方」「Responsibility：責任」の 7 項目である。PYP は MYP や DP へと続く学びの基盤を構築する上で重要な教育課程であり、知識やスキルの習得、概念的理解の発達、自己肯定感や責任感をバランス良く育成することが目標である。そのため、Knowledge（知識）、Concepts（概念）、Skills（スキル）、Action（行動）の四つがカリキュラムの基本要素として挙がっている。そして、PYP では、6 教科を横断する以下の六つを学年共通のテーマに設定しており、児童生徒たちは六つの本質的な問いと向き合いながら、「探究の単元（Unit of Inquiry）」という形で教科の枠を超えた学習を展開していくのである。

- 私たちは誰なのか
- 私たちはどのような場所と時代にいるのか
- 私たちはどのように自分を表現するのか
- 世界はどのような仕組みになっているのか
- 私たちは自分たちをどう組織しているのか
- この地球を共有するということ

（『国際バカロレア（IB）の教育とは？』p.6）

　MYP も同様に、教科の枠組みは存在するが、教科を超えたむしろ学際的なプログラムになっている。どの学年でも、教科横断的で探究型の学びが奨

励され、加えて生徒たちは教室での学びと現実社会との関わりを強く意識し、「グローバルな文脈」において学習を深めていかなければならない。

　MYP でも、PYP の学びを更に深化させる形で、「概念」理解が授業の中心に位置づけられている。そのため、MYP の全教科にわたって取り組むべき以下の 16 の「重要概念（key concepts）」と 教科ごとに取り扱うべき「関連概念（related concepts）」が個別に明示されている。まず学ぶべき「概念」があり、教師は単元の到達目標を定めた上で指導計画をデザインする。ここには、ウィギンズ（G. Wiggins）とマクタイ（J. McTighe）が提唱する「逆向き設計」の考え方が活かされている。

▼表2　MYP の重要概念

美しさ	変化	コミュニケーション	コミュニティー
つながり	創造性	文化	発展
形成	グローバルな相互作用	アイデンティティー	論理
ものの見方	関係性	システム	時間、場所、空間

出典：『MYP：原則から実践へ』p.67

　「概念」理解学習を提唱したエリクソン（H. Lynn Erickson, 2002）によれば、「概念」とは幾つもの事実（facts）やトピック（topics）を超えたレベルの思考で、普遍的な原則（principle generalization）や理論（theory）を導き出すもとになるものである。MYP の生徒たちは 8 教科を学びながら、そこで得られた複数の知識を個別に記憶するのではなく、教科の枠組みを超えた「概念」として関連づけて記憶することで、将来、未知なる課題に直面した際の解決に、知識を転移（transfer）し応用することが可能となるのである。MYP の単元計画を立てる際には、ユニット・プランナーと呼ばれる独自の様式を用いることになっており、そこには単元の中で扱う「重要概念」や「関連概念」を明記することになっている。

DP は、先にも述べたように、中心となるコア科目（TOK、EE、CAS）を取り囲むように六つの教科が配置されており、２年間で複数の教科を同時並行的に学ぶ。「概念理解に重点を置いた指導」は、DP でも中心的な指導の方法である。DP では、これまで MYP のように「重要概念」や「関連概念」という枠組みで「概念」を明示しなかったが、最近は IB の四つのプログラムをより一貫性のあるカリキュラムにするべく、学習すべき「概念」を明確にしている。

　一例として、2018 年２月に DP「言語 B」のガイドラインが改訂されたが、「アイデンティティー（Identities）」「経験（Experiences）」「人間の知恵（Human Ingenuity）」「社会組織（Social Organization）」「地球の共有（Sharing the Planet）」の五つの基本テーマと、「言語習得（Language Acquisition）」の授業（一条校であれば、「外国語（英語）」の授業に相当）を通じて扱うべき五つの概念「相手（Audience）」「コンテクスト（Context）」「目的（Purpose）」「意味（Meaning）」「変異（Variation）」が明示された。さらに、2019 年２月に公開された「言語 A：文学」及び「言語 A：言語と文学」（一条校の「国語」の授業に相当）の新ガイドラインでも、学ぶべき七つの概念が明確に示されている。すなわち、「アイデンティティー（Identity）」「文化（Culture）」「創造性（Creativity）」「コミュニケーション（Communication）」「観点（Perspective）」「変換（Transformation）」「表現（representation）」の 7 項目である。このうち、「アイデンティティー」「文化」「創造性」「コミュニケーション」「観点」は、MYP の「重要概念」と重複しており、MYP と DP の二つのプログラムの連続性がより強化された改訂となっている。

4──IB が重視する言語教育

　IB が目指すのは、国際的な視野を持つ人材の育成であり、そのために多言語主義の立場を貫いている。児童生徒は、IB の教育プログラムにおいて、複数の言語で学習を行うことが求められている。外国語を学ぶことは、異文化への理解と敬意を育むことにつながり、国際的な視野の発達に寄与する。言語はまた、単なるコミュニケーション上の道具（ツール）ではなく、アイ

デンティティーの形成にも関与している。そのため、IB は「母語の尊重」
という立場を貫いている。つまり、IB は、母語教育と外国語教育の双方を
含む、言語教育全般を非常に重視するプログラムなのである。母語の学習を
軽視すれば、安定したアイデンティティーの確立だけでなく、外国語の習得
にも支障が出ることは、既に多くのバイリンガルの研究者（中島和子
2016 ほか）が指摘している。「英語が上手になりたいから、IB 教育を受ける」
「IB 教育を受ければ、英語が上達する」というのは全くの誤解で、IB は決
して英語帝国主義には与していない。IB は言語教育観について、以下のよ
うに明言する。

> IB は、多様な文化の理解、国際的な視野、グローバルな社会の一員と
> しての意識を育む上で欠かせない批判的思考の発達において、言語が中
> 心的な役割を果たすと考えています。
> 　（『IB プログラムにおける「言語」と「学習」』p.3、下線は引用者）

　さらに、「言語と文学」や「言語習得」といった教科の枠組みを超えて、
言語教育は全教員が取り組むべき領域であるとして、次のようにも述べてい
る。

> 言語学習は、語学教師のみが携わる独立した領域としてではなく、あら
> ゆる学習に統合されたものとして捉えられます。つまり、すべての教師
> が、「言語の教師」となるのです。言語は、意味と知識の構築において
> 中心的な役割を果たします。
> 　（『IB プログラムにおける「言語」と「学習」』p.12、下線は引用者）

　ここで改めて強調しておきたいことは、IB の「使命」や「学習者像」を
実現するためには、全ての教師が「言語の教師」であるという自覚を持って、
児童生徒の指導に当たらなければならないということである。先の「学習の
方法」でも触れたスキルの獲得や、高度なコミュニケーション能力や批判的
思考力、探究型の学びや問題解決能力などは、全ての教科における言語活動

の中から育成されるものである。つまり、IB が目指す国際的な視野を持つ人材育成の根幹に、言語教育は位置づけられているわけである。

　IB 教育を受けている児童生徒の言語的な背景は多様である。先に、日本の IB 認定校のうち一条校は 44 校で、そのうち 24 校が「日本語 DP」を実施していると述べたが、日本語 DP であっても、2 科目は日本語以外の言語で授業を行う必要がある。さらに、日本語も英語も母語でない学習者も存在する。そうした学習者に、母語ではない第二言語で授業を行う場合、教師は様々なことに配慮し、授業の進め方を工夫する必要がある。その際の留意点の一つが、ジム・カミンズ（Jim Cummins）が提唱している BICS（基本的対人伝達能力：Basic Interpersonal Communication Skill）と CALP（認知学習言語運用能力：Cognitive Academic Language Proficiency）の区分である。BICS は、社会的な文脈の中で、他者とのやり取りを通じて身につけていく基本的な言語能力であり、「人格的な成長や文化的アイデンティティーの構築、多様な文化の理解にとっても重要な要素」（『IB プログラムにおける「言語」と「学習」』p.30）である。習得に要する期間は、1 〜 2 年と言われている。それに対して、CALP は、非常に高度な、「文脈に基づかない抽象的な言語表現に求められるアカデミックな言語スキル」（『IB プログラムにおける「言語」と「学習」』p.32）であり、教科学習を進める上で不可欠な言語能力である。通常、CALP の習得には、5 〜 7 年を要すると考えられている。母語以外の言語で IB の授業を行う際は、教師は CALP の習得には長い年月がかかることに留意し、第二言語の学習者である生徒が、全ての教科学習において十分な成果を修められるように、自らの言語運用に十分配慮すべきである。

　CALP を高めるのに必要な指導方法の一つとして、IB では「スキャフォールディング（足場づくり）で学習を促す」（『IB プログラムにおける「言語」と「学習」』p.38）ことを挙げている。スキャフォールディング（scaffolding）とは、「学習者が自分の力だけでは達成することが不可能な課題、または達成が非常に難しい課題を達成できるようにするための一時的な支援の方法」（『IB プログラムにおける「言語」と「学習」』p.40）のことである。スキャフォールディングの方法には様々あり、母語への置き換えや視聴覚教材の使

用、協働学習などもスキャフォールディングの一部である。

　スキャフォールディングは、心理学者のレフ・ヴィゴツキー（Vygotsky 1978）の「発達の最近接領域（ZPD：Zone of Proximal Development)」という理論とも関係がある。「発達の最近接領域」とは、「他者の助けがあれば新たな学習を行うことができる領域で、学習者が他者の助けを得ることなく、ひとりで学習に取り組むことのできる「既得知識の領域」の外側に位置する」（『IB プログラムにおける「言語」と「学習』』p.39）と説明されている。言い換えるならば、教師が作るスキャフォールディングによって、生徒は「学び」を「発達の最近接領域」まで向上させることができ、達成感を味わうことができるわけである。このように、IB の教育においては、教師は多言語環境にある児童生徒を様々なレベルで支援しなければならない。やがて、スキャフォールディングとなり得る方法を学習者自らも見つけ、学習に主体的に取り組むことができるようになるのである。

5——まとめ

　IB のカリキュラムの魅力の一つは、ウィギンズと マクタイの「逆向き設計」、エリクソンの「概念理解」、カミンズの BICS と CALP を区別する言語教育観、ヴィゴツキーの「発達の最近接領域」など、分野の異なる様々な研究者の知見を積極的に指導に取り入れ、児童生徒のより良い学びに活かしていこうとする柔軟性にあるとも言える。また、文科省の『学習指導要領』の改訂よりも短い周期（6年に1回）でカリキュラムが検討・改訂される点も、より効果的な最新の教育方法を指導に取り入れていきたいという姿勢の表れである。そのうえで、IB 教育は、徹底した学習者中心の立場を貫いている。教師は、飽くまで児童生徒の学び支える役目のファシリテーターである。

　また、ICT を活用した授業も、IB 教育の特徴の一つである。授業だけでなく、個人のリサーチや課題の遂行にも、インターネットをはじめとする電子メディアの活用は不可欠である。当然のことながら、そこで起こり得る「コピペ」の問題にも、IB 機構は規定を作成して厳しく対処している。特に、DP の志願者に対しては厳格であり、「学問的誠実性（academic honesty）」という言葉で、関係者に周知徹底している。レポートなどの成果物は「本当に生徒自身が取り組んだものかどうか」を問われ、生徒には「志願者個人の独自の考えに基づいていて、他人の考えや成果物が使われている場合はすべて出典が示されていること」（『学問的誠実性』p.3）を遵守させる。「学問的誠実性」を履行することは、他者への敬意を表明することでもある。

　このように、IB の教育には、教科学習だけでなく、個人の成長に欠かすことのできない数々の要素が盛り込まれていると言える。今後も IB の教育がどのように変革していくのかを注視していきたい。　　　　　　　（半田淳子）

【注】
1　「国際バカロレアを活用した大学入学者選抜例（令和元年 12 月時点）」文部科学省 IB 教育推進コンソーシアム（2020）https://ibconsortium.mext.go.jp/wp-content/uploads/2020/04/国際バカロレアを活用した大学入学者選抜例一覧（2019 年 12 月時点）.pdf（2020 年 4 月 25 日検索）
2　「認定校・候補校」（2020）文部科学省 IB 教育推進コンソーシアム https://ibconsortium.mext.go.jp/ib-japan/authorization/（2020 年 9 月 15 日検索）

【参考文献】
・国際バカロレア機構（2014）『IB プログラムにおける「言語」と「学習」』
・国際バカロレア機構（2018）『MYP：原則から実践へ』
・国際バカロレア機構（2014）『学問的誠実性』
・国際バカロレア機構（2019）『「言語 A：言語と文学」指導の手引き』
・国際バカロレア機構（2019）『「言語 A：文学」指導の手引き』
・国際バカロレア機構（2017）『国際バカロレア（IB）の教育とは？』
・中島和子（2016）『完全改訂版　バイリンガル教育の方法』アルク
・半田淳子（2019）「高等学校国語科「学習指導要領」と DP「言語と文学」の二つの改訂をめぐって―「概念」理解に重点をおいた指導とは―」『月刊国語教育研究』5 月号、No.565、PP.28-31
・H. Lynn Erickson（2002）*Concept-Based Curriculum and Instruction：Teaching Beyond the Facts.* Corwin Press. California：US
・H.Lynn Erickson（2007）*Concept-Based Curriculum and Instruction for the Thinking Classroom.* Corwin Press. California：US

第2章

IBの学びと授業づくり

コア科目：TOK（知の理論）

①「科学」とは何か？
—— "How do we know?" を分析する

| キーワード | **How do we know?、知識に関する問い、知るための方法、知識の領域、知識の枠組み**

1——カリキュラムの概要

1.1　TOK についての概説

　IBDP のプログラムにおいて、TOK（Theory of Knowledge：知の理論）は EE（Extended Essay：課題論文）や CAS（Creativity, Activity, Service：創造性・活動・奉仕）とともに「コア」科目として位置づけられており、DP を修了し国際バカロレア資格（ディプロマ）を取得するための必須の学習領域である。また、TOK は DP プログラムの学びを全人教育的（ホリスティック）な学びにするための役割も担っている。つまり TOK は DP の六つの教科群のつながりを理解し、それらを学ぶ意義を探究するための科目ととらえることができる。

　しかし、通常の教科とは異なり、TOK は DP 特有の学びであり、生徒たちにとって、何をどのように学ぶのかを的確に把握するのは容易ではない。他の教科と同様に、最初の授業でガイダンスを行うが、はじめから TOK の全貌を生徒が十分に理解して学習活動に入るということは想定しにくい。最初は頭の中にもやもやが残る状態で、生徒たちは TOK に取り組むのである。やがて、授業における議論を通して、生徒自身が試行錯誤を繰り返し、少しずつ TOK の学びについてイメージできるようになる。そして、多くの生徒が TOK の学びの趣旨を理解し、TOK が期待する知を構築していけるようになり、TOK に則して思考することに興味を抱くようになれば、議論も自然に深まってくる。

　IB 機構が発行している『「知の理論」（TOK）指導の手引き（2015 年第 1 回試験）』（2014）によると、TOK で探究課題として設定する「知識に関する問い」は、各科目で取り上げられるような「具体的な知識の内容」に

関する問いではなく、「知識がどのようにして構築され評価されているかを考察」する問いである。いわば、知識そのものに関する根本的な問いかけである。TOK の「ねらい」は次の 5 項目であり、これらを包括した TOK の「最も根源的な問い」が「どのようにして私たちは知るのか（How do we know that?)」である。

1．知識の構築に対する批判的（クリティカル）なアプローチと、教科学習、広い世界との間のつながりを見つける。
2．個人やコミュニティーがどのようにして知識を構築するのか、その知識がどのように批判的（クリティカル）に吟味されるのかについて、認識を発達させる。
3．文化的なものの見方の多様性や豊かさに対して関心を抱き、個人的な前提や、イデオロギーの底流にある前提について自覚的になる。
4．自分の信念や前提を批判的（クリティカル）に振り返り、より思慮深く、責任意識と目的意識に満ちた人生を送れるようにする。
5．知識には責任が伴い、知ることによって社会への参加と行動の義務が生じることを理解する。
（『「知の理論」（TOK）指導の手引き（2015 年第 1 回試験)』p.16）

　なお、本稿は 2015 年第 1 回試験の『「知の理論」（TOK）指導の手引き』の規定による実践報告である。DP の各科目のガイドライン（『指導の手引き』）は、日本の『学習指導要領』よりも短い期間で改訂され、改訂時期は科目によって異なる。TOK については、すでに 2022 年第 1 回試験対象の学年から適用となる新『指導の手引き』が公表されている。TOK を学ぶためのツールであった、「知るための方法」はなくなり、内部評価課題は TOK プレゼンテーションから TOK 展示に変更されているが、TOK の学びの本質は変わっていない。

1.2　概念との結びつき
　TOK は DP における学びを包括的に振り返り、批判的に分析する役割を

担っている。そうすることによって生徒は自分を理解し、国際的な視野を広げることが望まれている。エッセイやプレゼンテーションに必要な「知識に関する問い」をつくるためには、概念的理解や抽象的な思考力が必要になる。では、概念的な思考を促す学習とはどのようなものだろうか。IB の学びには、内容やスキルの他に、各科目で指定された概念を取り扱うことで学習内容を相対化し、抽象化し、その学びを他の状況に転化する仕掛けがある。現行（2015 年第 1 回試験）の TOK では特定の「概念（concepts）」は指定されていないが[1]、「知るための方法」や「知識の領域」における「知識の枠組み」等を活用して、授業では事例を挙げながら抽象的な問いに答えていく（表 1 参照）。つまり、具体と抽象の間を行き来しながら概念的思考を培っているのである。

▼表 1　TOK における「知るための方法」「知識の領域」「知識の枠組み」

知るための方法	知識の領域	
・言語（Language） ・理性（Reason） ・感情（Emotion） ・直観（Intuition） ・想像（Imagination） ・記憶（Memory） ・知覚（Sense perception） ・信仰（Faith）	・数学 ・自然科学 ・ヒューマンサイエンス（人間科学） ・歴史 ・芸術 ・倫理 ・宗教的知識の体系 ・土着の知識の体系	**知識の枠組み** ・範囲・応用 ・概念・言語 ・方法論 ・発展の歴史 ・「個人的な知識」とのつながり

出典：『「知の理論」（TOK）指導の手引き（2015 年第 1 回試験）』

1.3　IB の授業としての特徴

　IB の授業づくりのポイントは、こうした概念的思考を培う学びが起こるように、準備段階でどのような仕掛けを作っていくかだろう。TOK の授業において教員の役割は、生徒が最終的に自分たちで「知識に関する問い」を作るための探究の広がりを支援することである。そのため、生徒の学びの状況に合わせて多様な授業スタイルで臨機応変に対応することが求められる。

　TOK では「どのように知るのか」という問いに答えるために、大きく二

つの要素「知るための方法」と「知識の領域」を学び、プレゼンテーションとエッセイの二つの課題を作成することが主な授業内容となる。筆者が勤務する学校では、一つの問いや疑問に対して、生徒同士がともに考えていくディスカッションが中心である。例えば、本実践で取り上げる「知識の領域」に関する学習では、ある生徒がTOKの『指導の手引き』に記されている問いや説明に対して、疑問に思ったことやその意味することを分析したプレゼンテーションを行い、それに対して他の生徒は疑問や派生した考えを述べる形式を取っている。IB教員の役割は「正しい」答えを与えることではなく、探究を深めるための問いかけなどを適宜行っていくことである。これは案外難しいものである。しかし、教師自身も生徒と一緒に思考過程を意識しながら議論を深めていくことが、TOKの授業の醍醐味であるといえよう。なお、本校ではTOKは多様な視点を確保し、バランスのとれた評価をできるようにするため、異なる教科の教員が二人体制（本稿の場合は、英語Bと歴史の教員）で授業を行うことになっている。

1.4　評価について

　TOKの評価はエッセイとプレゼンテーションによってなされる。エッセイ（20点満点）とプレゼンテーション（10点満点）の合計点（30点満点）

▼表2　TOKと課題論文（EE）の評価換算表

		知の理論（TOK）					
		評価A	評価B	評価C	評価D	評価E	評価なしN
課題論文（EE）	評価A	3	3	2	2	不合格	不合格
	評価B	3	2	2	1	不合格	不合格
	評価C	2	2	1	0	不合格	不合格
	評価D	2	1	0	0	不合格	不合格
	評価E	不合格	不合格	不合格	不合格	不合格	不合格
	評価なしN	不合格	不合格	不合格	不合格	不合格	不合格

に基づいて A 〜 E の評価がつき、課題論文（Extended essay）の A 〜 E の評価との合算から表 2 の換算表にあてはめて算出した点数 0 〜 3 点が、他の 6 教科の合計 42 点に加算される。

　プレゼンテーションは実社会の状況から、生徒自身が「知識に関する問い」を設定し、分析するものである。クラス内で行うプレゼンテーションの持ち時間は一人 10 分、最大 3 人までのグループで行うことができる。評価はこのプレゼンテーションの概略を示した所定のフォーマット（PK/PPD）による計画書が対象となる。プレゼンテーションの流れは以下の通りである。

　　①「実社会の状況」（自らが実社会で体験したり考えたりしたこと）から派生した「知識に関する問い」を提示する。
　　②その「知識に関する問い」に対する答えを提示する。
　　③「問い」への反論を提示し再反論する。
　　④その中から「問い」を進化させる（あらたに生じた論点で関連した「問い」を設定する）。
　　⑤「問い」の答え（＝探究した成果）を最初に提示した「実社会の状況」や、「実社会の他の状況」に当てはめて検証する。
　　⑥「問い」の探究を行った意義を検証する。

　以下に、ある生徒たちが取り上げた「実社会の状況」と、そこから設定した「知識に関する問い」の例を紹介する。

　　○実社会の状況：「B 君は A さんを初めて見た。その時 A さんのことをあまり好まないなと認識した。しかし実際に A さんと会話した結果、A さんは客観的にいい人で、周りの人々から A さんが好まれていることを知った。だが、話した後の印象は当初の印象から変化しなかった。」
　　○知識に関する問い：「なぜ直観的な知識を信頼するのか」

　プレゼンテーションでは、「知識に関する問い」が「実社会の状況」に則

したものであるかどうか、様々なものの見方を吟味しているかどうか、分析結果の重要性が示せているか、などが評価される（『「知の理論」（TOK）指導の手引き（2015年第1回試験）』pp.75-76）。

　プレゼンテーションは2回行ったうちの良い方の成績を採用することができるので、授業では少なくとも2回行う。本校では、高校2年次（DP Year 1）の3学期と、高校3年次（DP Year 2）の1学期にプレゼンテーションを実施している。授業では、生徒は互いの興味や関心を話し合いながらグループを決め、ディスカッションを行いながらプレゼンテーションを作成する。はじめの段階では、「知識に関する問い」の作り方や「問い」の答えの見出し方など、試行錯誤を繰り返しながら行っていく。教師はファシリテーターとして、基本に立ち返る問いかけをしていくことを心掛ける。

　一方、TOKのエッセイは、提出期限の約半年前にIB機構より六つ出された課題のうちから一つを選び、それについて書くことになっている。IB機構が挙げているサンプルの題目は、以下のようなものである。（『知の理論（TOK）所定課題　課題文見本』2015より）

1．「誰か一人が私たち全員よりも賢くなることはない」(エリック・シュミット)。この主張にどの程度同意するかを、「個人的な知識」と「共有された知識」に言及しながら論じなさい。

2．「地図は、事物を単純化してこそ有用なものとなる」。この考え方は、知識に対してどの程度あてはまりますか。

3．「知識の領域」は、過去に行われたことによってどの程度形づくられていますか。2つの「知識の領域」に言及しながら検討しなさい。

4．「すべての知識は、パターンと変則を認識することに依存している」。この主張にどの程度同意するかを、2つの「知識の領域」に言及しながら検討しなさい。

5．「知識をもつことにより、特権が与えられる」。この主張はどの程度正確ですか。

6．さまざまな「知るための方法」は、誤った思い込みをどの程度防止しますか。少なくとも1つの「知識の領域」に言及しながら、自身の

　解答の正当性を論証しなさい。

　エッセイは「知識に関する問い」の理解とその分析の質が評価される。「知識に関する問い」が適切に設定されているか、多様な見方を通して議論を発展させているか、二つの要素「知るための方法」と「知識の領域」が効果的に活用されているか、立場が明確か、さらに「実社会の状況」に基づいた事例を用いて説得力を持って議論をしているか等が問われる。また、議論は反論の検証や議論が意味し得る含意にも言及していることが評価される。生徒のエッセイに対して、教員は草稿の段階で1回のみコメントを伝えることが認められている。ただし、特定の箇所を具体的に直す指示をするとそれは学問的誠実性に違反したとみなされるので、本校ではなるべく質問の形で全体的なことをコメントするにとどめている。

　エッセイの長さは日本語で3,200字以内であるが、この字数に収めるためには論点を絞り、論の運び方を明確にしなければいけない。そこで授業では、準備段階として三つのプロセスでエッセイを書く指導をしている。まずは課題を理解することが重要である。生徒は課題文の中から気になるキーワードを抜き出し、定義を考える。そして課題文が何を要求しているのか探っていく。次に課題の中から問いを抽出し、それに対する自分の考えを述べる。生徒たちは、なぜそう思うのかを「知識の領域」や「知るための方法」に沿った事例を挙げて考える。最後に、エッセイの構成を考える。エッセイは論理の飛躍がないように丁寧に論点を組み立て、人に伝わりやすくなるように言葉を選ぶ。以上の三つの過程をブレーンストーミングや個人面談などを通して生徒に指導している。

1.5　2年間のカリキュラムのおおまかな流れ

　TOKの授業は、2年間で100時間以上を確保する必要がある。本校では、高校2年次（DP Year 1）に週2単位、高校3年次（DP Year 2）に週4単位、計6単位でTOKを開講している。TOKの最終評価の対象となる提出課題は、内部評価のTOKプレゼンテーションと、外部評価のTOKエッセイである。IBに提出する最終課題の校内の締め切りを高3の夏休み明け

に設定しており、高3の1学期までの16か月間で100時間以上の授業時間を確保できるようにしている。

　2年間のTOKの授業テーマは、次の通りである。スケジュールでは、DPの課題提出時期は、2年目の9〜10月である。

▼表3　TOKの授業テーマ（例）

【高校2年次DP Year 1】

1学期	①TOK導入 ・知識を分類してみよう ・個人的な知識と共有された知識 ・知識に関する主張 ・知識に関する問い
	②知るための方法（WOK: Ways of knowing） ・言語（Language）　・理性（Reason） ・感情（Emotion）　・直観（Intuition） ・想像（Imagination）　・記憶（Memory） ・知覚（Sense perception）　・信仰（Faith）
2学期	③知識の領域（AOK：Areas of knowledge） ・五つの「知識の枠組み」（範囲・応用、概念・言語、方法論、発展の歴史、「個人的な知識」とのつながり） ・数学の「知識の枠組み」 ・自然科学の「知識の枠組み」 ・人間科学の「知識の枠組み」 ・歴史の「知識の枠組み」 ・**「科学」とは？　…本授業**
	④TOKプレゼンテーション ・TOKプレゼンテーションの概要 ・第1回TOKプレゼンテーションの準備（初回ミーティングなども含む）
3学期	④TOKプレゼンテーション ・第1回TOKプレゼンテーション（最終ミーティングなども含む） ⑤TOKエッセイ ・TOKエッセイの概要 ・所定課題の分析

	【高校３年次 DP Year 2】
1学期	③知識の領域（AOK：Areas of knowledge） 　・芸術の「知識の枠組み」　　・倫理の「知識の枠組み」 ④ TOK プレゼンテーション 　・第２回 TOK プレゼンテーションの準備（初回ミーティングなども含む） 　・第２回 TOK プレゼンテーション（最終ミーティングなども含む） ⑤ TOK エッセイ 　・TOK エッセイ作成（初回ミーティングなども含む） 　・TOK エッセイ 1 st draft の提出、中間ミーティング
2学期	⑤ TOK エッセイ 　・TOK エッセイ Final draft の提出、最終ミーティング（viva voce） ⑥ TOK の学びを振り返って 　・TOK と各教科との関係　　・各教科における TOK link

※最終評価に関わる課題（TOK プレゼンテーションと TOK エッセイ）を提出した後の
　授業内容（２～３学期）については省略

2——授業の実際

2.1　学習者の概要

　TOK を受けるのは DP に所属する高校２年生と３年生の生徒で、本校では各学年 15 名程度の生徒が所属している。本校は６年一貫教育を行っている学校なので、DP に進む前に生徒たちは中学１年次から高校１年次までの４年間 MYP を学んでいる。MYP でも、基本的な IB の考え方や理念などに触れているが、そのような生徒たちであっても、DP は当初、戸惑うことが多いようである。生徒の多くは DP に入った当初、「正しい」答えを探そうとする。ところが、DP の課題の多くは一つの答えを求めるものではなく、考え方や論の立て方などについて評価されるものである。そのことに気づくまでに、まず時間がかかる。なかでも、もっとも「答え」が見つかりにくい科目が、TOK である。本稿は、そのような段階にある高校２年次（DP Year 1）の生徒に対する実践報告である。

2.2　本授業のねらい（授業の位置づけ）

　TOK では、八つの「知識の領域」（表 1 ［p.20］ 参照）のうち六つを重

点的に取り上げる。それまでの授業で取り上げてきた「知るための方法」を使いながら、それぞれの「知識の領域」における知識の構築のされ方について探っていくのである。その成果は、各教科の学びにおいて概念的で転移可能な理解を促すことにつながるだけでなく、最終評価の対象となる TOK のプレゼンテーションやエッセイにおいても活かされることになる。以下に紹介する授業の流れは、「知識の領域」のうち「数学」、「自然科学」、「人間科学」および「歴史」の四つについて取り上げた後、それでは「科学」とは何か、ということに焦点を当てて、各領域の範囲や関係性について検討したものである。

▼表4　授業の流れ

時	活動内容	指導上の留意点・評価
第1〜9時	第1〜3時　知識の領域「数学」 第4〜6時　知識の領域「自然科学」 第7〜9時　知識の領域「人間科学」 （詳細は省略）	・各「知識の領域」について、第10〜12時の「歴史」と同じように探究・議論する。
第10〜12時	1．知識の領域「歴史」の概要 2．「歴史」に関する「知識に関する問い」の例を取り上げて議論してみよう 3．「知識の枠組み」を使って「歴史」の特徴を探ってみよう （1）範囲・応用　（2）概念・言語 （3）方法論　（4）発展の歴史 （5）「個人的な知識」とのつながり	・教科の「歴史」で議論していることと関連させながら「歴史」における知識構築の特徴に気づかせる。 ・他の「知識の領域」と比較・対比させることで（共通点と相違点を探ることで）「歴史」の特徴が浮かび上がってくるようにさせる。
第13時	1．「科学（Science）」とは何か？ 　日本では歴史学は人文科学や社会科学に含まれる学問として捉えられているが、TOK では<u>「人間科学」と「歴史」は異なる「知識の領域」</u>として取り上げられている。同様に<u>「数学」は「自然科学」とは区別</u>されている。それでは、はたして「科学」とは何であろうか？	・TOK では、経済学、地理学、心理学、文化人類学などは「人間科学」の範疇に入っているのに、歴史は入っていない。何をもって「科学」といえるのか、生徒に検討させる。

3──授業風景

　表4「授業の流れ」の中の、第13時について取り上げて授業での議論を紹介する。

第13時

　生徒はなぜTOKの分類で「歴史」が「人間科学」の範疇に入っていないのかを起点に、「人間科学」とは何か、「自然科学」とは何か、そして「科学」とは何か、について考えた。生徒たちはグループに分かれ、図を描きながら考えをまとめていった。

　まず「人間科学」と「自然科学」の境界を考え、「自然科学」が自然を観察する学問なのに対して、「人間科学」は人間が発展させた概念をもとに探究する学問であるととらえていた。

　TOKの分類において、「歴史」が「人間科学」に入れられていないことから、「歴史」は「人間科学」の"土台"であり、その学問領域の発展に「歴史」が寄与する学問が「人間科学」ではないかと考えた生徒が複数いた。「数学」は「自然科学」や「人間科学」の範疇に入るさまざまな学問を発展させる"土台"として位置づけられるのではないかと分析していた。また、「自

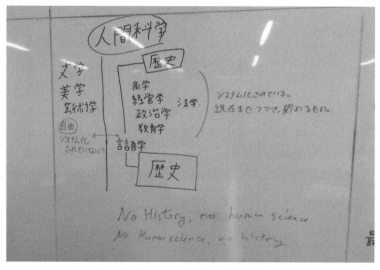

図1　ホワイトボードに書かれた生徒のメモ

然科学」の諸分野については、人間が存在する以前に存在したもの（物理学、化学、天文学）と人間が作り出し、応用したものを発展させることによって学問になったもの（農学、工学）とに分類する生徒もいた。

　最後に、それでは科学とは何か、という問いに対しては、「モデル化、システム化され、人間が応用して学問としている」、「知識を体系化したものであり、新たな発見とともに付け足され、改善される」といった答えを生徒は出していた。

　このように生徒たちは学問対象と学問の分析手法、そして学問の目的などを考えながら分類を進めた。言うまでもなく、これらの探究に正しい答えはない。生徒たちは学問の分類を行うことによって、従来の学問領域の分類の背後にある論理を理解しようとしていた。言い換えるならば、自分たちの定義を形成しながら、自分たちなりに世界を理解しようとしているのである。

　本時に限らず、対象の生徒たちはTOKの授業において常に主体的に議論を展開していた。高校2年次（DP Year 1）の前半のTOKの導入や「知るための方法」の授業においては、TOKに関するテキストや、論理学や言語学など「知る」ことに関する様々な書籍も授業で活用した。しかし、しだいに特定の教材や文献を教員が生徒に与えることはしなくなっていった。それよりも、生徒が『指導の手引き』に書かれていることを分析し、書かれていることで理解しにくかったり疑問に感じたりしたことを整理して発表するような展開にした。調査して分かったことを整理して発表するのが通常のプレゼンテーションであろうが、本授業では、発想を逆転させ、分析して分からなかったことを発表させるようにした。このことにより、生徒同士による活発な議論が促されたのである。疑問点をあれやこれやと考えて話し合うのは生徒にとって楽しいことであり、議論を通じて自分一人では腑に落ちなかったことが納得できたとき（論点が整理できたとき）、非常に充実感や達成感を味わえるのである。

　教員が生徒に教材を与えたり、議論の方向性を定めたりするのではなく、生徒どうしが議論しながら知を構築することの重要性が、実践を通してあらためて浮かび上がってきた。

　それでは、このような授業を展開するために教員がすべきことは何であろうか。それは、どのような方向に議論が進んだとしても対応できるだけの素養を身に付けておくことである。そのためには、教員自身が「知」に関わる幅広い文献をたくさん読むとともに、教員も生徒と同じく How do we know? について悩みながら試行錯誤し続ける、言い換えれば学習者であり続ける必要があるといえよう。

4──TOKの振り返り

　TOKの学習が終わった高校3年（DP Year 2）の生徒たちは、TOKで学んだことをどのように思っているのだろうか。参考までに本校でTOKの学習を終えた直後の生徒たちに、TOKの学びをどのように今後役立てることができるかと聞いてみた。ある生徒は、選挙で立候補者を選ぶときに役立つのではないかという。選挙方針を聞いたときになぜそう言っているのか、どういう説得の技法が用いられているのか、この決定が今後どのような影響をもたらすだろうか、といったことに目を向けるようになったという。また、将来経済学を志している生徒は、TOKを通して貨幣システムに興味を持ち始めたという。貨幣を支えている根本は、人々が貨幣に価値を認めているということであるが、それは「信仰（faith）」（「知るための方法」の一つ）なのではないかと考え始めている。

　生徒たちは概して何が正しいのか、そして、世の中の規範がどのように決められたのかを考えるようになったと語っていた。また、ある生徒は、人間にとって「感情（emotion）」が多様なことに関係していることを再認識したという。その生徒は人間関係においては「理性（reason）」が最優先しなければいけないと考えていたが、世の中の様々な局面においては、「感情」が重要な役割を果たすことを理解することによって、「感情」を認められるようになったと語っている。

　教師も彼らの変化を目の当たりにしてきた。例えば、授業が進むうちにディスカッションの時の生徒の質問の仕方に変化がみてとれた。他の生徒の発言に対してコメントする時、当初「あなたの言うことの、ここが違うのではないか？」という問いかけが多かったが、後半からは「あなたが言いたかった

のは、こういうことか？」「あなたがそう言うのは、こういう前提があったからで、それは皆が共有しているものではないのではないか？」という問いかけが増えていった。つまり、TOK の授業を通じて、他の人の発言を聞いたときに、相手の思考の過程やその前提まで理解しようとする姿勢が形作られてきたのだと考えられる。TOK は、生徒たちが将来、世界を理解する際のカギの一つになり得ると言っても過言ではないだろう。

（小松万姫・山本勝治）

【注】

1　2022 年第 1 回試験の新しい TOK では、下記のような 12 の重要概念が中心的概念として想定されている。

　エビデンス／確実性／真実／解釈／権力／正当化／説明／客観性／ものの見方／文化／価値観／責任

【参考文献】

・Dombrowski, Eileen, John Mackenzie and Mike Clarke et al. (2010) *"Perspectives on a Curious Subject：What Is IB Theory of Knowledge All about?"*, International Baccalaureate, Oct.

・国際バカロレア機構（2014）『DP「知の理論」（TOK）指導の手引き（2015 年第 1 回試験）』

・国際バカロレア機構（2015）『知の理論（TOK）所定課題：課題文見本』

・国際バカロレア機構（2020）『DP「知の理論」（TOK）指導の手引き（2022 年第 1 回試験）』

② 逆境に遭遇し、自己を模索する登場人物たち——テクスト学習からグローバルな問題を考える

│キーワード│ 指定作品リスト、探究領域、概念、グローバルな問題、学習者ポートフォリオ

1——カリキュラムの概要

　本稿では、IBの母語教育である「言語A」の改訂カリキュラム（2021年第1回試験）の概要を説明し、それに基づいて「言語A：言語と文学」の単元案と授業案を提案する。

1.1　カリキュラムの内容

　「言語A」の改訂カリキュラムには、五つの新しい要素がある。要素の一点目は**指定作品リスト**（Prescribed reading list[1] ※以下、PRL）である。現行カリキュラム（2020年の試験まで）にある「指定翻訳作品リスト」と「指定作家リスト」は排除され、55の言語が一体化されてデジタル化した。全ての言語に共通の四つの文学形式[2]と、さらに区分された文学形式のサブカテゴリーが設けられ、検索しやすくなっている。

　二点目は**探究領域**と呼ばれるもので、「読者・作者・テクスト」、「時間と空間」、「テクスト間相互関連性：テクストをつなげる」の三つの領域がある。コースは、それぞれの領域が全体の3分の1を占めるように構成されなければならない。三つの領域間には重なるところが多くあるが、『指導の手引き』にある「考察を促す問い」や「TOKとのつながりのある問い」の例を見ると、それぞれの領域の特徴が分かる。以下、主な特徴を簡単に説明する。まず「読者・作者・テクスト」の領域では、様々なテクストタイプと文学形式の詳細な学習を行う。同時に、テクストの受け手である読者が意味を構築する際の役割にも焦点をあてる。次に「時間と空間」の領域では、テクストの創作と受け止め方がいかに作り手と受け手双方の文脈（コミュニティ、文

化、歴史）に即して行われているかについて、時間と空間を超えて探究していく。最後の「テクスト間相互関連性：テクストをつなげる」の領域においては、テクストの比較研究を通して、メディアとテクスト、そして聞き手や読み手間のつながりに焦点をあて、個々のテクストの特性と複雑な関連性についてより深い洞察を行う。

　三点目は七つの**概念**である。『指導の手引き』に明示された概念は、「アイデンティティ」「文化」「創造性」「コミュニケーション」「観点」「変換」「表現」である。「概念に基づいた指導」は IB の「指導の方法」の一つで、今回の改訂で「言語 A」におけるその指導原則がより明確に提示された。概念への理解を深める指導例は『言語 A：教師用参考資料』に紹介されているので参照されたい。

　四点目は**グローバルな問題**である。グローバルな問題は、次の三つの特徴を備えたものであると定義されている。

- 広範な規模で重要性をもつ
- 国境をこえて存在する
- 地域の日々の生活に影響を及ぼす

また、グローバルな問題を決定する手引きとして五つの探究領域が挙げられている。それらは、「文化、アイデンティティ、コミュニティ」「信念、価値観、教育」「政治、権力、正義」「芸術、創造性、想像力」「科学、テクノロジー、環境」である。これらの領域はそれぞれ広大で大幅な重複もあることから、内部評価課題[3]の準備に向けては、教師と生徒が話し合いながらトピックと探究課題を絞り込んでいく必要がある[4]。

　五点目の要素は**学習者ポートフォリオ**である。学習者ポートフォリオにおいて、生徒は三つの領域や七つの概念を使いながら、テクストの詳細な分析や比較、思考の過程を視覚化したり、整理したり、さらには振り返ったりすることを通して、理解を深めるための生きたツールとして役立てることができる。一方で教師にとっての学習者ポートフォリオは、生徒の思考や理解を教えてくれ、授業の調整や評価課題のためのテクストと作品選択の追跡を可能にし、また教師自身の実践を振り返る機会をも与えてくれる貴重なものになるだろう。以上、五点の要素が今回のカリキュラム改訂で導入されたわけ

だが、これに伴いテクストの選択条件も新しくなった。表1は「言語A：言語と文学」での選択条件である（「言語A：文学」では条件が異なる）。

　なお、評価課題であるが、改訂によって課題数は減少した。標準レベル（SL）では、外部評価の試験問題1（設問つきテクスト分析）と試験問題2（比較小論文）、そして内部評価の個人口述がある。一方の上級レベル(HL)では、それらに加えてHL小論文がある。試験時間や比重・評価規準については『指導の手引き』を参照されたい。

▼表1　「言語A：言語と文学」カリキュラムの要素と作品・テクストの選択条件

	標準レベル SL	上級レベル HL
文学作品	最低4つ	最低6つ
PRLから日本語の文学作品	最低1つ	最低2つ
PRLから翻訳作品	最低1つ	最低2つ
自由選択	2つ	2つ
文学形式	2つ	3つ
時代	2つ	3つ
場所（国や地域）、大陸	2つの場所 最低2つの大陸	3つの場所 最低2つの大陸
非文学テクスト	可能な限りさまざまなテクストタイプ	可能な限りさまざまなテクストタイプ[6]
概念	アイデンティティ、文化、創造性、コミュニケーション、観点、変換、表現	アイデンティティ、文化、創造性、コミュニケーション、観点、変換、表現
探究領域 ・読者、作者、テクスト ・時間と空間 ・テクスト間相互関連性：テクストのつながり	それぞれの領域で最低1つの文学作品と多くのテクストタイプを網羅した非文学テクスト	それぞれの領域で最低2つの文学作品と多くのテクストタイプを網羅した非文学テクスト

2──授業づくりのポイント

本項では、第一項で説明した「言語Ａ：言語と文学」のカリキュラムを、筆者の前任校である関西学院大阪インターナショナルスクールの生徒を対象に行うものとして、シラバス案、単元案、および想定されるいくつかの授業風景を紹介する。

2.1　学習者の概要

大阪インターナショナルスクール（OIS）の生徒のほとんどは、複数の言語を話し、日本語Ａと英語Ａの両方を履修し「バイリンガルディプロマ」を目指す生徒も多い。また日本語における、語学力、読解力、表現力等においての生徒間の差は、一条校のそれよりも大きい一方、どの生徒も一般にメタ認知力が高く、日本語能力の向上意欲も高い。OIS の DP コースは、併設校である千里国際高等部（一条校）の生徒も履修できることからコース開始時には生徒の学習経験に違いがある。「言語Ａ」で求められるテクスト分析の経験が少ない生徒には、コースが始まる前にミニワークショップや個別指導を提供し、テクスト分析についての学習経験をつくり、コース開始後もスキャフォールディング（足場づくり）による指導を行っている。

2.2　シラバス案

新しい「言語Ａ」のカリキュラムはオープンで柔軟性が高いので、学校の文脈に合わせて自由に構成できることが大きな特徴である。『言語Ａ：教師用参考資料』には、三つの構成モデルが紹介されているので、参照されたい[7]。本稿で紹介するシラバス案は、三つの「ユニット」から構成されており、それぞれの「ユニット」はさらに複数の単元に分かれる。表3の「単元案」に示したのは、その中の一つである。表2のシラバス案では、七つの主要概念を三つに分ける一方、三つの探究領域は全てのユニットに含めている。評価要素に使用するテクストは最終的に生徒が選択するが、本シラバス案では、学習テクストにおいても複数の作品とテクストを提示することで生徒が選択できるようにしている。このような構成によって、生徒の自律性を促し、生徒の興味と関心に合わせて学習できるよう差異化を図る。

　なお、三つの「ユニット」における評価が、試験問題 1、試験問題 2、個人口述、HL 小論文というように共通した評価になっているのは、複数の単元で構成されるそれぞれの「ユニット」での評価課題ゆえであることを補足しておく。

▼表 2　シラバス案

DP1年 ユニット1	概念	アイデンティティ、変換、表現
	内容	**探究領域** • 読者、作者、テクスト • 時間と空間 • テクスト間相互関連性：テクストをつなげる **文学作品** • 『神の子どもたちはみな踊る』（村上春樹、新潮文庫） • 『E・A・ポー　ポケットマスターピース』（エドガー・アラン・ポー、新潮社）、『黒猫・アッシャー家の崩壊 ポー短編集 1 ゴシック編』（エドガー・アラン・ポー、新潮文庫）、『黒猫』（エドガー・アラン・ポー、集英社）より 5-10 点選択　（HL） • 『無意識の構造』（河合隼雄、中公新書） **非文学テクスト（例）** • ルネ・マグリットの画集、サルバドール・ダリの画集、草間彌生の作品集から生徒が一人のアーティストを選択 • アニメ 宮崎駿『風の谷のナウシカ』、『千と千尋の神隠し』 • 新聞記事 • 雑誌記事 • ポスター
	評価	試験問題 1、試験問題 2、個人口述、HL 小論文
DP1年 ユニット2	概念	コミュニケーション、創造性、（文化）、（観点）、（アイデンティティ）
	内容	**探究領域** • 読者、作者、テクスト • 時間と空間 • テクスト間相互関連性：テクストをつなげる **文学作品** • 『茨木のり子集 言の葉 1 − 3』（茨木のり子、ちくま文庫） • 『更級日記』（菅原孝標女、原岡文子訳注、角川ソフィア文庫）抜粋 • 『ペルセポリス』（マルジャン・サトラピ、バジリコ）（HL）

		非文学テクスト（例） • 『アンネの日記』（アンネ・フランク、文春文庫）抜粋 • 『日日雑記』（武田百合子、中公文庫）抜粋 • グレタ・トゥンベリのスピーチとインタビュー（トレバー・ノア） • 電子テクスト • 社説 • マニフェスト
	評価	試験問題1、試験問題2、個人口述、HL小論文
DP2年 ユニット3	概念	文化、観点、（アイデンティティ）
	内容	**探究領域** • 読者、作者、テクスト • 時間と空間 • テクスト間相互関連性：テクストをつなげる **文学作品** • 『こころ』（夏目漱石、岩波文庫） • 『セールスマンの死』（アーサー・ミラー、ハヤカワ演劇文庫） **非文学テクスト（例）** • 映画「ROMA/ ローマ」 • 広告 • 論説 • 新聞記事 • TVドキュメンタリー • 大江健三郎のインタビュー
	評価	試験問題1、試験問題2、個人口述、HL小論文

2.3 単元案と授業の流れ

　本単元は、DP1年目（高校2年生）の最初に行う単元案である。「アイデンティティ」と「表現（現実世界の表し方）」の二つの概念に焦点をあて、文学作品の読解、分析および評価を1時限50分の全20授業時数で行う。

　次ページから、単元の概要と具体的な授業の流れを示す。

▼表3　単元案（全 20 時間）

レベルと学年	SL/HL DP 1 年目	日付	1 学期
領域	読者、作者、テクスト；時間と空間；テクスト間相互関連性		

単元の説明及び使用する教材等

単元名： 逆境に遭遇し、自己を模索する登場人物たち
使用作品とテクスト：『神の子どもたちはみな踊る』（村上春樹、新潮文庫）、ルネ・マグリットの画集、サルバドール・ダリの画集、草間彌生の作品集

本単元のための総括的評価

テクスト分析文

理解するべき重要な概念・内容・スキル

重要概念： アイデンティティ、表現（現実世界の表し方）
関連概念： 変換、登場人物、設定、テクストタイプ（フィクション、短編小説）、主題、共感、構成、イメージ、シンボル、観点、無意識、夢、試練、葛藤、対立、現実、パラレルワールド、ファンタジー（幻想）、負の体験、知識、内容、形式、プロセス、推敲、構成、事実、解釈、例証、根拠、論拠、反証、語彙、文法、一貫性

生徒が理解するべき内容	・シンボルとイメージの意味 ・人物造形 ・登場人物の葛藤と対立 ・個人の負の体験 ・作品構成 ・ジャンルの特徴 ・パラレルワールドの信憑性 ・作品設定 ・作品背景 ・主題（喪失、空虚、葛藤、再建、生き残り、恐怖、対立、犠牲、友情、生と死、孤独、夢、罰、など） ・テクスト分析の方法 ・テクスト分析文書きのプロセス ・テクストエビデンス
生徒ができるようになるべきスキル	・アイデンティティとテクスト解釈の関係性を説明する。 ・現実世界とフィクションの世界、主題との関係について分析する。

	• 近現代のフィクションと、歴史、伝説、神話、聖書などに見られる登場人物や主題、出来事とのつながりを見つける。 • 思考を視覚化し、口頭と記述で説明する。 • 抜粋テクストと全体との関係性を説明し、抜粋テクストの重要性を示す。 • 「グローバルな問題」がどのようにテクストに提示されているかについて分析する。 • 作品知識やテクストからのエビデンスを用いて分析を裏付ける。 • 一貫性のある文章を構成する。 • 正確で質の高いテクストを産出するために推敲する • 口頭と記述に適した言葉を選択する。
一般化 **(G：Generalization)**	**事実に基づく問い（F：Factual)** **概念に基づく問い（C：Conceptual)** **議論の余地がある問い（D：Debatable)**
（G１）**負の体験**（例：喪失、大災害）は人々に**アイデンティティ**危機をもたらす。それゆえに、**負の体験**をもった登場人物への**共感**は、読者に自身の**アイデンティティ**と向き合うことを促す。	F：物語の登場人物は、どのような負の体験をし、またどのように対処しているか。 F：どの負の体験が登場人物のアイデンティティに影響をもたらしているか。どのようにか。 F：あなたはどの登場人物に共感したか。どのような理由からか。 F：登場人物は、自分自身をどのように見ているか。物語の始めと終わりで変化したか。どのようにか。 C：登場人物への共感は、どのように読者と物語を結びつけるか。 C：作者はどのように読者に登場人物への共感を促しているか。 D：物語や小説はあなたの人生やあり方を変えうるか。 D：喪失や災害などの負の出来事に直面して、時に人々が文学に目を向けるのはなぜか。
（G２）登場人物に課せられた**試練**は、内なる**葛藤**や外部との**対立**を生み、その人物の真の**アイデンティティ**を明らかにする。	F：登場人物は、どのような試練に直面しているか。 F：どのような内なる葛藤や外部との対立が生じているか。

	F：物語の出来事は、登場人物のアイデンティティにどのように影響しているか。 C：外部との対立は、どのように内なる葛藤につながっているか。その逆はどうか。 C：あなたがこれまで読んだ小説と物語において、内なる葛藤や外部との対立は、どのように登場人物の真のアイデンティティを明らかにしているか。 D：これまでの読書経験から、小説や物語には必ず内なる葛藤と外部の対立の両方が必要だと思うか、思わないか。なぜか。
（G3）作者は、架空の**設定、場面、登場人物**を用いて、独自の理解しやすい**現実**世界の縮図を創り出す。そしてそれは、読者に世界と自身を理解する様々な**観点**を与える。	F：阪神・淡路大震災の世界はどのように反映されているか。 F：『神の子どもたちはみな踊る』では、どのような設定や場面、登場人物が用いられ、どのような現実世界の縮図が描かれているか。 F：村上春樹が創り出した現実世界の縮図は、世界や自分自身についてどのような理解をもたらしているか。 C：あなたが読んだ本では、どのような世界の縮図が創られているか。それはどのように世界やあなた自身を理解する観点を与えているか。 C：あなたが読んだ架空の世界（現実世界の縮図）は、現実世界と比べて理解しやすいか、あるいは理解しにくいか。なぜか。 D：村上作品は、単なるエンターテイメントか、それともそれ以上のものを提供しているか。
（G4）作者は、**無意識と夢**の世界を掘り下げて**パラレルワールド**を作り、読者に、**アイデンティティ**の背後にあるもの、日常生活の**現実**を超えたところ、あるいは奥底にあるものに気づかせる。	F：物語の中で「リアル」な要素と「ファンタジー」な要素はそれぞれ何か。 F：物語のどの要素が夢、もしくは無意識と関係しているか。 F：現実世界とパラレルワールドの関係は、物語の設定からどのように理解できるか。 C：作者は、無意識と夢の要素をどのように使用して、読者に日常生活の現実を超えたところにあるものに気づかせようとしているか。 C：作者は、どのように非現実的な世界を現実的

	なものとして感じさせているか。
	C：小説や物語で描写された無意識と夢の世界は、どのように読者のアイデンティティや世界における自身の役割についての認識を深めるか。
	D：夢はどれほど重要か。夢は、個人の性格やアイデンティティの側面を明らかにするか。夢でしか知ることのない知識はあり得るか。
	D：ファンタジー的な要素や非現実性は、作品の文学的価値に影響を与えるか。
（G 5）作者は、**イメージやシンボル**を様々な分野と結びつけながら、登場人物の**アイデンティティ**に新たな価値や視点を加える。様々な分野は、神話、伝説、芸術、歴史、哲学、文学等を含む。	F：どのイメージやシンボルが普遍性をもち、神話や芸術、歴史、哲学などの他の分野とつながっているか。
	F：どのイメージやシンボルが限定的か。それは、作者とは異なる文化的・社会的背景をもつ読者の作品理解にどのように影響しているか。
	C：イメージやシンボルは、どのようにより広い文化的な視点を物語に与えているか。
	C：あなたが読んだ作品で、イメージやシンボルは、登場人物のアイデンティティにどのような新たな価値や視点を加えているか。
	D：イメージやシンボルは、読者のものとは異なる文化が描かれる作品の理解を深めるか、妨げるか。どのようにか。
（G 6）説得力のあるテクスト分析文は、テクストの**事実**や**内容**、**形式**に関する**知識**と理解、分析論旨を裏付け、主張、反論するためのエビデンスや**根拠**を要する。そのような分析文は、目的に沿って適切に選択された幅広い**語彙**と正しい**文法**で書かれ、**一貫性**のある**構成**を必要とする。また**推敲**は、分析文の正確さと質を保証するために必要不可欠な、テクストを産出する**プロセス**の一環である。	F：説得力があり論理的なテクスト分析文はどのような要素を必要とするか。
	F：あなたのテクスト分析文では、どのような事実や内容、形式に関する知識が必要か。
	F：あなたのテクスト分析文では、どのようにテクストの理解や解釈を例証するか。
	C：どのようにテクスト分析文を説得力のあるものにするか。
	C：テクストの解釈や分析論旨の議論の構築に、事実に関する内容と形式の両知識が必要なのはなぜか。
	C：推敲が重要なのはなぜか。
	D：良いテクスト分析文を書くために、背景知識（テクスト外の情報）を知ることは必要か。

形成的評価	・コンセプトマップ ・非文学テクストの分析（「グローバルな問題」の観点から） ・学習者ポートフォリオ ・『かえる君、東京を救う』のテクスト分析文
総括的評価	設問つきテクスト分析文
学習の方法（ATL）	**思考スキル：**批判的思考スキル、創造的思考スキル、転移スキル **コミュニケーションスキル：**目的や対象相手、形式に応じて適切に言語を用いる力、批判的に読む力、テクスト分析文と個人口述に備えるための様々な情報を学習者ポートフォリオに整理する力 **自己管理スキル：**短期的課題と長期的課題に向けて計画を立てる力、締め切りを守る力、学習者ポートフォリオを有効に用いる力、忍耐力、レジリエンス
TOK とのつながり	以下のような問いで TOK とのつながりを作る。 ・魔術的リアリズムのようなタイプの小説を読む際に、夢の解釈（例：フロイド）の知識は有益か。 ・幻想的で非現実的な登場人物は、文学作品としての価値に影響を与えるか。 ・他のテクストと比較、対照した時、テクストについてどのような知識が得られるか。（『指導の手引き』より）
差異化	・テクスト分析に複数の「考察の問い」を与える。 ・第 10-14 時と第 15-17 時のケーススタディで使用する短編小説と非文学テクストを生徒が選択する。
学習経験	「表4 授業の流れ」「3授業風景」参照。
振り返り	「4評価と振り返り」参照。

▼表4　授業の流れ

時	活動内容	領域・指導上の留意点・評価
第1時	【導入】 三枚の探究用アンカーチャート[8]を用意する。一枚目は、G1（一般化1）とG2の「アイデンティティ」とその他の概念（「共感」「試練」「葛藤」「負の体験」「対立」）との関係について、二枚目は、G3とG4の現実世界の表し方について、三枚目は、G5の「イメージ」「シンボル」「アイデンティティ」の関係についての理解を書き留めていくものである。 1．「アイデンティティ」についての導入活動。 2．アンカーチャートについての説明。 3．『神の子どもたちはみな踊る』で見られるアイデアについてグループで話し合い、アンカーチャートに書かれた概念と関係がありそうなところに書き込む。 4．今後の学習予定と宿題を確認する。	【領域】作者、読者、テクスト ・生徒には、最初の授業までに作品を最後まで読んでおくよう前もって指示しておく。 ・アンカーチャートには、一般化に使う概念を書き出しておく。 ・アイデアを話し合う際には、個々の作品に対するコメントや疑問点についてグループでの共有を奨励し、今後の学習の展開に期待をもたせたい。学習者ポートフォリオに記録させる。 ・学習予定と宿題は単元の開始時に知らせ、生徒の自律育成に寄与したい。学習予定では、「探究領域」と「グローバルな問題」についての説明も含む。宿題は、作品背景のリサーチ、学習者ポートフォリオの自己管理、非文学テクストの分析。 【評価】 ・全員の学習者ポートフォリオを回収し、現時点での生徒の作品理解と概念理解を把握する。
第2〜11時	1．グループで『かえるくん、東京を救う』のプロットを確認する。 2．『かえるくん、東京を救う』をメンターテクストとして、三つの探究に取り組む。 **探究1**：「アイデンティティ」についての探究。 1）登場人物が負の出来事に	【領域】作者、読者、テクスト ・中心で二つに分けたアンカーチャートを準備し、「アイデンティティ」についての異なる二つの一般化（G1/G2）に注目させたい。

遭遇して生じた「アイデン
ティティ」の変化と、登場
人物への「共感」およびそ
れによってもたらされた読
者の「アイデンティティ」
への影響についての探究
（一般化1）
2）「試練」によって登場人
物にもたらされた「葛藤」
や「対立」と、それによっ
て明らかになる「アイデン
ティティ」についての探究
（一般化2）
探究2：現実世界の表し方に
ついての探究。
1）現実世界の縮図の表し方
（架空の設定、場面や登場
人物）と、それによって生
み出される世界や自身を理
解する「観点」についての
探究（一般化3）
2）「パラレルワールド」の
表し方（無意識と夢の世
界）とそれによってもたら
される気づきについての探
究（一般化4）
探究3：「イメージ」「シンボ
ル」「アイデンティティ」
の関係についての探究（一
般化5）
3．個人で調べてきた作品背
景をグループで共有し、
三つの探究結果にどのよ
うな影響を与えるか話し
合い、必要に応じて探究
結果にさらに加筆修正を
行う。
4．加筆修正されたそれぞれ
のグループの三つの探究
結果を見て回り、質問や

• ルーチン活動「関連・違和感・重要・変化」
になじみのない生徒には、ルーチンの手順に
ついて説明し、異なるテクスト（新聞記事な
ど）を使って経験させる。

• コンセプトマップには、具体例やそれぞれの
コンセプトがどのような関係にあるのかを示
す言葉も書き込ませる。

	コメントを付箋紙に書きチャートに貼る。学習者ポートフォリオに三つの探究についてのコンセプトマップを描いて提出する。	・コンセプトマップは時間の都合によっては宿題にしてもよい。 ・第1時の3で書いたアンカーチャートとコンセプトマップを比較させ、考えの深化や発展に目を向けさせる。 【評価】 ・学習者ポートフォリオのコンセプトマップを確認し、フィードバックを与える。
第12～14時	1. 論理的で説得力のあるテクスト分析文について、G6の問いを中心に具体例を使いながら話し合う。 2. 複数の「考察の問い」から一つを選んで、作品についてのテクスト分析文を書く。全員とドキュメント（例：Google docs）を共有しながら書く。	【領域】読者、作者、テクスト ・過去の生徒の作品を集めておく。 ・ドキュメントを共有してお互いが学び合うことを可能とする文化があることが前提。 ・「考察の問い」は教師が与える。始めは、イントロダクションと展開の一つ目の段落まで で、クラスで読み合い、テクスト分析文に必要な要素について考えさせる。残りの段落は宿題とする。 ・テクスト分析文の学習経験の少ない生徒には個別指導を行う。 【評価】 ・テクスト分析文は形成的評価として詳細なフィードバックを返す。
第15～17時	1. 『かえるくん、東京を救う』を使いながら、「グローバルな問題」の例を紹介する。 2. メンターテクストと共通の「グローバルな問題」を表している非文学テクスト（生徒が個々に見つけ分析してきたもの）をグループ内で紹介する。その後、グループで1番いいものを選ぶ。口述の発表方法をグループで決め、クラス全体に紹介する。	【領域】読者、作者、テクスト；時間と空間；テクスト間相互関連性 ・「グローバルな問題」についてどのように焦点を絞るか具体例を使いながら説明する。 ・テクスト分析の方法について再度確認する。 ・個人口述の発表方法について説明する。 ・個人口述用の評価規準を使ってグループで1番いいと思うものを選ばせる。 【評価】 ・学習者ポートフォリオで、非文学テクスト分析にフィードバックを与える。 ・グループの口述発表の仕方についてフィードバックする。

第18時〜20時	1. 第1時の「アイデンティティ」についての質問に再度回答し、「前の考え（I used to think）」と「今の考え（Now I think）」を比べる。 2. 総括的評価課題のテクスト分析文を書く。 3. テクスト分析文産出のプロセスを中心に振り返り、学習者ポートフォリオに書く。 4. 返却されたテクスト分析文を見直し、より上達するための目標とその手立てを学習者ポートフォリオに書き出す。	・教師が考察の問いを与える。 【評価】 ・テクスト分析文（評価規準：A理解と解釈、B分析と評価、C焦点と構成、D言語） ・学習者ポートフォリオでメタ認知的思考を確認する。

3──授業風景

　表4「授業の流れ」の中から、特に概念型の指導が行われている場面を取り上げ解説する。

第1時の1

　単元の導入として、本単元の重要概念の一つである「アイデンティティ」について考える活動に取り組む。以下の引用文と問いを提示し、日常で何気なく耳にする「アイデンティティ」について改めて考えさせると同時に、本単元への学習意欲を喚起したい。

引用：「人間のアイデンティティは、私たちがもっている最も脆弱なもので、真実の瞬間にしか見られないことがほとんどだ。」（アラン・ルドルフ）

問い：この引用は、「アイデンティティ」についての意味をより理解するのにどのように役立ちますか。

個人で学習者ポートフォリオに考えを記入した後、グループで考えたことを共有させる。単元の最後に再び同じ問いに答えさせ、どのように考えが変化、

あるいは深化したかを振り返らせる。教師は、生徒の「アイデンティティ」についての考えをその後の単元でも活かせるようにできるとよい。

　本単元の中心となる三つの探究活動に取り組む時間である。探究１の「アイデンティティ」については「一般化１」と「一般化２」（pp.39-40参照）を、探究２の「現実世界の表し方」については「一般化３」と「一般化４」（p.40-41参照）を、探究３の「イメージやシンボル」と「アイデンティティ」の関係性については「一般化５」（p.41参照）の理解を構築しようとするものである。それぞれの探究における前半部は、『かえるくん、東京を救う』をメンターテクストとして使用した教師主導での活動だが、異なる作品を用いて同じ活動を繰り返す後半部では、前半部で考えた回答を生徒が中心になって検証していく活動である。探究２と３では、非文学テクスト（ルネ・マグリットの画集、サルバドール・ダリの画集、草間彌生の作品集）も使用して、『かえるくん、東京を救う』で導いた回答の汎用性を確認する。

　まず探究１では、全員を二つのグループに分け、グループ１は探究１の１）、グループ２は探究１の２）に取り組む。それぞれのグループは、最低２組できる方が望ましい。生徒は、一般化１と一般化２の考察のための問いを使いながら話し合い、それぞれの探究課題の回答を文章でアンカーチャートに書き出す。次に、グループで『かえるくん、東京を救う』以外の短編を一つ選び、同じことを繰り返す。必要に応じて最初の回答に加筆修正を行う。その後、それぞれの作品から具体例を出しながら、探究課題の回答について全員に説明する。次の探究２では、探究１と異なるメンバーで二つのグループを作り、ルーチン活動「関連・違和感・重要・変化（connections, challenge, concepts, changes）⁹」に取り組む。一般化３と４の考察のための問いについて話し合う。探究２用のアンカーチャートに探究課題の回答を書き込んだら、グループで１-２人のアーティスト（ルネ・マグリット、サルバドル・アリ、草間彌生）の作品を選び、同じ活動を繰り返す。必要に応じて最初の回答に加筆修正を行い、具体例で根拠を示しながら全員に回答を説明する。そして探究３では、個人で作品に使用されている「イメージ」

や「シンボル」を見つけ、連想するものを言葉や絵で書き出す。次に、見つけた「イメージ」や「シンボル」についてリサーチし、さらに連想するものを付け加えさせる。グループで共有し、「イメージ」や「シンボル」と登場人物の「アイデンティティ」の関係について、一般化5の考察のための問いをもとに話し合い、グループの回答をアンカーチャートに書き込む。さらに、『神の子どもたちはみな踊る』から一編と、探究2とは別のアーティストを一人選び、先の回答について検討し、必要に応じて加筆修正した後、全体に説明する。このように、本時では、『かえるくん、東京を救う』から導き出した探究課題に対する理解が、他の作品でも真であるか否かを検証し、最終的に複数の文脈からの具体例によって回答を裏付けるという活動を通して、DPで求められる批判的・創造的・概念的・メタ認知的・転移思考力の育成をめざしている。

第12－14時の1と2

　この時間は、テクスト分析文の書き方について学習し、本単元の総括的評価であるテクスト分析文の課題に備えさせる。教師は過去の生徒のテクスト分析文から異なる評価レベルのものを二つか三つ用意する。「それぞれの分析文に含まれている要素は何か」について考えさせ、次に、モデルにしたい分析文とそうでない分析文に分けさせる。分析文に関係する概念[10]（事実、解釈、例証、主題文、根拠、論証、反証）を書いた小さなカードのセットを渡し、それぞれの分析文の相当するところに貼らせる。次に言語に関係する概念（語彙、文法、一貫性、構成、レジスター）のカードを配り、テクスト分析文の言語の評価の規準を見ながら評価させる。この過程を通して、説得力のあるテクスト分析文についての概念を具体例と結びつけ理解させることをねらいとしている。分析文の展開部分は意味段落ごとに書かせ、前時で分析文について理解したことの確認と生徒のレベルに合わせたスキャフォールデイング（足場づくり）を行いながら進めることで、分析文の理解とスキルを獲得するプロセスの1歩としたい。また、推敲に粘り強く取り組ませ、推敲が質の高い分析文を産出するプロセスの重要な一環であることを体得させたい。

　本時は、グローバルな問題と口述課題の性質を理解させる学習経験である。教師の説明では、メンターテクストとして『かえる君、東京を救う』を使う。例えば、「グローバルな問題」の「芸術、創造性、想像力」の分野において、芸術と創造性の関係から「複数のテクストにおいて既存の認識がどのように取り上げられているか、あるいは既存の知識をどのように覆そうとしているか、さらには既存の知識についてどのように警告しようとしているか。」という探究テーマを与え分析させる。環境問題を取り上げる非文学テクストは多種多様に存在するので、教師がいくつか具体例[11]を紹介すれば、共通の問題を表している非文学テクストを探し分析して来る宿題はそれほど困難ではないと思われる。また、「グローバルな問題」は教科を横断して概念的理解に取り組む一つの切り口でもある。例えば、「社会における芸術には、どんな機能、価値、効果があるか」などの探究テーマでTOKとの関連を議論させることも可能だ。口述課題で特に気をつけるべき点は、グローバルな問題を論じすぎて社会科学的なところに偏重した口述にならないようにすることだ。グローバルな問題を書き手がどのように工夫して表現しているのかについて、選択したテクストの知識と理解、解釈、分析と評価が期待されていることを強調したい。

　書き終わったテクスト分析文について振り返りのレポートを書く時間である。振り返りでは、分析文を書いたプロセスを説明し、第 12 − 14 で確認した一般化（Ｇ６）に沿って、自分の分析文の具体例を使いながら、どのような点で説得力のある分析文になっているか、あるいはなっていないかについて報告させる。

4──評価と振り返り

　「言語Ａ」の概念に基づいたカリキュラムと指導において、二点ほど強調して本稿を締めくくる。一点目は評価についてである。IBでは全ての科目において、評価目標と評価規準が一致している。生徒にその点を理解させる

ためにコース開始時には形成的評価においても可能な限りIBの評価規準を使うことが望ましい。特に、評価規準に見られる「理解」、「解釈」、「分析」、「評価」、「焦点」[12] については、どのような評価目標かつ規準なのかについて確実に理解させたい。本単元案では、第12〜14時で行う記述のテクスト分析文の練習が、試験問題1における四つの評価規準を、そして、第15〜17時の口述発表練習は、口述発表の評価規準を理解する機会を提供する。評価目標と規準を理解させる手立ての一つとして重要なのは、やはりフィードバックだ。生徒の成果物がフィードバックの時点で評価規準のどこに位置するのかの説明と向上するためのポイントや方法などについて丁寧なフィードバックを継続して行いたい。一方、試験本位に課題を設定すると、創造力の育成がおろそかになる危険性もある。教師はその点を十分に理解した上で、評価課題を設定するべきだろう。

　二点目は、「言語A」において目指すべき概念的理解についてである。「言語A」はプロセス重視型の教科で、単元で扱うテクストから得られる概念的理解も必要だが、それのみに焦点が当てられていては「この教科に求められる重要な学習側面を無視することになる。よい読み手、書き手、観察者、話者、研究者になるためにはどのようなプロセスが必要かという概念的理解を確実に生徒に培うことにも取り組まなければならない」[13]。表3「単元案」にあるG6（p.41）では、概念語を使って「説得力のあるテクスト分析文とは何か」について生徒の理解を求めている。書き手として、単に「書く」という行為のレベルから、「なぜそのように書くのか」を理解するレベルに達するところまでを目指しているのである。改訂カリキュラムでは七つの概念が明示されたが、これらはMYPで言う「重要概念」に相当するものである。そういう意味では、「関連概念」の選択は教師に委ねられていると言える。概念型のカリキュラムと指導においては、「する」という行為からなぜそうするのかを「理解」するレベルに移行する[14] ことを通して、生徒が自分の力で考え、実践することができるようになる力を育成することに目標がおかれている。そのためには、教師が「言語A」で必要とされるプロセスに結びついた概念的理解を特定し、意図的な学習経験を設計することである。

（遠藤みゆき）

【注】

1　PRLにリストされているのは作者名である。

2　四つの文学形式はそれぞれ、戯曲（浄瑠璃、歌舞伎、落語、能、狂言を含む）・詩歌（短歌、俳句、和歌、歌詞、川柳を含む）・フィクション（小説、物語、漫画）・ノンフィクション（随筆、評論）である。

3　内部評価課題は、SL、HL共に「あなたの選択したグローバルな問題が、学習した1つの作品と1つのテクストの内容と形式を通してどのように表現されているか分析しなさい。」である。試験時間と配点比重は『指導の手引き』を参照のこと。

4　グローバルな問題選択過程の指導と具体例は、『指導の手引き』日本語版（以下同様）のpp.69-72、『教師用参考資料』日本語版（以下同様）pp.27-31, pp.69-71にあるので参照されたい。

5　作品の定義については、『指導の手引き』p.25にある。

6　テクストタイプ一覧は『指導の手引き』pp.26-27を参照されたい。

7　『言語A：教師用参考資料』pp.4-9

8　アンカーチャートは、学習を「つなげる」役割をもつツールで、学習のもっとも重要な内容や方法を書き留めていくものである。授業の進度に合わせて作成していき、生徒と教師の思考の視覚化を図る。単元の学習中は教室の壁に掲示しておきたい。

9　Ritchhart, R., Church, M., Morrison, K., Making Thinking Visible: How to Promote Engagement, Understanding, and Independence for All Learners, Jossey-Bass,（邦訳：R. リチャート/M. チャーチ/K. モリソン著/黒上晴夫/小島亜華里訳『子どもの思考が見える21のルーチン　アクティブな学びをつくる』北大路書房、2015, pp.130-136）

10　単元で焦点を当てたい概念語である。IBの評価規準に見られる用語も取り上げられる。

11　例えば、2015年パリで行われた「国連気候変動枠組み条約第21回締約国会議」（COP21）に合わせてイギリスの芸術団体「Brandalism」によって作成された600以上のポスター。

12　「分析」、「解釈」、「評価」の定義については『指導の手引き』の指示用語の解説を参照されたい。

13　H. Lynn Erickson, Lois A Lanning and Rachel French, *Concept-Based Curriculum and Instruction for the Thinking Classroom* (Second Edition), Corwin, 2017（邦訳：H・リン・エリクソン/ロイス・A・ラニング/レイチェル・フレンチ 著、遠藤みゆき/ベアード真理子 訳『思考する教室をつくる概念型カリキュラムの理論と実践　不確実な時代を生き抜く力』北大路書房、2020, p.54）

14　H. Lynn Erickson and Lois A. Lanning, *Transitioning to Concept-Based Curriculum and Instruction*, Corwin, 2014, p.44

③ 映画の主人公と「私」のアイデンティティー
——国際的な視野を持つコミュニケーターに

│キーワード│ アイデンティティー、国際的な視野、コミュニケーション、概念理解

1——IBの英語教育の特徴

　言語B（英語）［以下、英語B］の授業では、試験で高スコアを取るために試験対策をすることが重要だろうか。答えは、半分Yes、半分Noだ。

　IBDPでは評価の存在が大きいことは否めない。それによってスコアが決まり進路に直結するため、外部評価の問題形式にどのような特徴があるのか、内部評価のルーブリックがどの程度の達成度を指しているものかといったことは、どうしても無視できない。また、試験問題に慣れるために同じような形式で繰り返し練習することも行われる。

　一方で、英語Bにおいては、英語というツールそのものを学ぶだけでなく、それを用いながら地球市民として考え、主張し、意見交換し、お互いの違いを尊重することが最重要であるとされている。このような国際的な視野を育成するために、英語Bでは、学習すべき五つのテーマ（Themes）が指定されている（表1）。アイデンティティー（Identities）、経験（Experiences）、人間の知恵（Human ingenuity）、社会組織（Social organization）、地球の共有（Sharing the planet）の五つである。さまざまな視点でのテーマを扱い、地球市民としての生徒の考えを深めていくのである。

　結局のところ、試験はテーマの理解が浅ければ良いスコアをとることはできない。テーマに関する知識や理解を広げるほど、自己や社会について深く考え、結果としてそれが試験対策の一環となる。資料を読んだり、ニュースを見たり、それらに関する単語を知ったり、意味交渉をしながら意見交換したり、そのような一つ一つの活動が最終的な評価につながる。大切なのは、評価を意識するが、それに囚われすぎず、あくまで国際的な視野を持ったコ

ミュニケーターを育てるために授業設計をすることである。そうすれば、結果的に評価にも繋がるのである。

▼表1　英語Bの五つのテーマ

テーマ	概要	トピック例	問いの例
アイデンティティー (Identities)	自己や人間という存在について探究する	・ライフスタイル ・健康と幸福 ・信仰と価値観 ・サブカルチャー ・言語とアイデンティティー	・私たちはどのようにアイデンティティーを表現するのか ・言語と文化はアイデンティティーとどのような関係性があるか
経験 (Experiences)	生活の経験について探究する	・趣味 ・休暇と旅行 ・人生経験 ・通過儀礼 ・慣習と伝統 ・移民	・過去は私たちの現在と未来をどのように形作るのだろうか ・違う文化で生活すると世界の見方はどのように影響されるだろうか
人間の知恵 (Human ingenuity)	人間の創造力とイノベーションが私たちの世界にもたらす影響を探究する	・エンターテインメント ・芸術的表現 ・コミュニケーションとメディア ・テクノロジー ・科学の革新	・芸術はどのように世界を理解する助けになるのか ・メディアは人同士の結びつきをどのように変えるだろうか
社会組織 (Social organization)	集団がどのように組織化しているのか探究する	・社会的関係 ・コミュニティー ・社会貢献 ・教育 ・働く世界 ・法と秩序	・コミュニティーでの個人の役割は何だろうか ・社会の形成にどのようなルールが存在するだろうか ・21世紀の職場はどのような機会と課題をもたらすだろうか
地球の共有 (Sharing the planet)	個人やコミュニティーにおける現代社会の課題を探究する	・環境 ・人権 ・平和と紛争 ・平等 ・グローバル化 ・倫理 ・都市と郊外の環境	・どのような環境問題や社会問題が世界の課題となっており、どのようにそれらを乗り越えられるのか ・グローバル化はどのような課題と恩恵をもたらすだろうか

出典：言語B『指導の手引き』(pp.19-20)

2──カリキュラムの概要

　言語Aが文学の分析を中心としているのに対し、言語Bは「コミュニケーション」が中心である。2020年の評価から使用されている『指導の手引き』(Language B guide First assessment 2020) では、シラバスの概要として右の図が掲載されている。中核に「コミュニケーション」が位置付けられ、それに必要なスキルとして、以下の三つが挙げられている。

図1：シラバスの概要
出典：『指導の手引き』(p.17)

- 受容的技能（Receptive skills）：リスニングやリーディングなどのインプット。書面や口頭で表現されたことを理解し、評価する力。
- 産出的技能（Productive skills）：スピーキングやライティングなどのアウトプット。目的に合った方法で適切に伝達する力。
- 相互交流的技能（Interactive skills）：対話力。口頭でのやりとりで意味交渉を行いながら、話の流れを維持し、意思の疎通を図る力。

　また、上記の図で、内側の円は英語Bの教科内で学習する四つの内容について示してある。文法や語彙力などの「言語（Language）」、国際的視野を育成する五つの「テーマ（Themes）」、手紙やスピーチ、パンフレットなど様々な文章の種類の「テキスト（Texts）」、そして言語そのものの理解、例えば相手や目的に応じての言語使用の特徴など、言語の働きに関して深く理解する「概念（Concepts）」がある。
　外側の円は教科外の学びとのつながりを示している。言語習得は全ての学びをつなげる。IBの理念である、平和を築くための「国際的な視野」が育まれることが期待されていたり、DPのコア科目との連携も望まれる。DP全ての教科を通して、このような繋がりが意識されることで、学習者は学びを、教科を超えてつなげることが可能になるのである。

2.1 2020 年改訂内容の三つのポイント

2020 年度からの『指導の手引き』は、「概念理解（Conceptual Understanding)」を重視したものとなった。「概念理解」を深めるためには、言語についての概念である相手（Audience）、コンテクスト（Context）、目的（Purpose）、意味（Meaning）、変異（Variation）に関して考えさせる問いを投げかけることが重要である。試験で出題するのではなく、あくまで教師が意識的にシラバスに入れることで生徒の理解が促されるようにしていく。例えば「手紙」というテクストを書くとき、「読む人は個人か集団か」と「相手」を意識化する。忘れてはいけないのは、たとえ言語能力（英語）が初心者であっても、学習者としては初心者ではないということを考慮した上で、概念理解に関する授業設計をすることである。

さらに、「4 技能のバランス」についても見直された。これは、リスニングが受容的技能の外部評価である試験 2（Paper 2）に加わったことが大きい。SL なら 45 分、HL なら 1 時間で三つのパッセージを聞き質問に答える形式だ。リスニングは言語習得の基礎であり重要なスキルであるが、以前は発信力に重きを置くような評価の割合で、内部評価の口頭試験でリスニング力も含めて総合的に相互交流的技能が評価される形であった。今回の改訂では、もう一度バランスを見直し、4 技能の評価がほぼ同じような割合になっている[1]。

現在はテクノロジーの発展により、ニュース、講義、インタビュー、歌など様々な用途で作成された動画に容易にアクセスできる。多様な言語的背景を持った英語話者のアクセントに、簡単に、豊富に、安定して触れることができるようになった。このように、本物の英語話者の音声にアクセス出来るようになった今、改めて集中して長い音声を聞き取る聴解力が求められる。

三つ目は冒頭でも触れた五つの「テーマ」の設定である。表 1 を上から順にみると、個人から始まり、世界に及ぶまでのテーマが並んでいる。さらに、それに応じたトピックを幅広く学ぶことで、英語圏の文化を具体的に知ることができる。生徒は「英語」というフィルターで改めて自己について振り返り、考えを深めるので、より一層面白い。シラバスの概要（図 1）でも明らかなように、言語そのものだけではなく、テーマの理解を深めることも英語

Bの目標の一つである。

　以上の三つのポイントにより、英語Bは流暢で内容の濃いコミュニケーションができる学習者を育成する。担当教員は、4技能と対話力を含めた英語そのもののスムーズな活用とその概念理解、及び英語圏の文化をベースにテーマに基づいて生徒が自ら深く考えて意見が持てるよう授業を設計する必要がある。

2.2　評価について

　他教科と同様に、英語Bも外部評価と内部評価の組み合わせでスコアが算出される。試験1（Paper 1）のライティングと試験2（Paper 2）のリスニングとリーディングが外部評価である。内部評価は、個人口頭評価（Individual oral assessment）で、対話力が評価される。

　SLとHLの差は、難易度の差もあるが、ライティングの文字数の差、リスニングの時間数の差、内部評価での話す題材の違いが挙げられる。また、HLでは授業内で英語原作の文学作品を二つ扱うことが必須であるため、文学的要素が一部評価に含まれる。

　言語Bの場合、スコアの75％が外部評価の試験で決定する。内部評価もインタビューテストの一発勝負であるため、生徒にかかるプレッシャーは大きいに違いない。以前は、授業内でのディスカッションなど、複数のアクティビティーから良いものをスコアに反映させる部分や、時間制限の無い書き直しのできるライティング課題も評価に含まれていた。現在の制度ではそれらが無いため、本番の試験での重圧に負けないよう、普段から試験の形式にも慣れる必要がある。

2.3　『指導の手引き』から授業設計へ

　授業を設計するときは、『指導の手引き』のポイントを押さえて、評価の内容を意識して「逆向き設計」（ウィギンズ＆マクタイ）をする。英語Bが目標とするコミュニケーションができる学習者を育成するための授業は何かを、教師一人一人が考え、生徒のニーズに合わせて授業を作り上げる必要がある。

3──授業づくりのポイント

　以下、筆者の勤務校における実践をもとに、英語Ｂの授業づくりのポイントを紹介する。なお、授業における使用言語は英語である。

3.1　本校の学習者の概要

　筆者の勤務校である東京学芸大学附属国際中等教育学校では、１～４年生（中学１年生から高校１年生）でMYPを全生徒が学び、５・６年生（高校２・３年生）のDPは、年度によるが、15人程度が選択する。

　母語レベルの英語Ａ（HL）か外国語としての英語Ｂ（HL）か、どちらを履修するかは生徒が選ぶことができる。英語ＢのSLは開講されていない。クラス選択は、文学的な内容を主に学びたい生徒は英語Ａ、言語の運用能力を学びたい人は英語Ｂという形で選択している。生徒は事前にオリエンテーションを受け、それでも迷っていれば最初の１週間でそれぞれの授業を受けてみたり、教師と相談したりすることで適切な方を選択する。DP生全員が日本英語検定協会の実用英語技能検定（通称、英検）２級（もしくは他の資格試験で同等のスコア）か、それ以上を取得しており、１級を所持している生徒も多い。しかし、一律に取得している資格のスコアで分けるのではなく、生徒のニーズにあった履修が出来るようにサポートをしている。年度によって英語Ｂの選択者数は約４～９名と変動するが、毎年比較的少人数で授業が行われている。

3.2　授業を設計する

3.2.1　年間スケジュールを決める

　まず、DPの２年間のスケジュールをどのような時間配分で行うかを考える。五つのテーマを網羅し、HLの場合は文学を２作品読むことも考慮すると、時間数は限られている。なお、複数のテーマを同時に扱う方法や、１年に１回ずつ（２年で２回ずつ）テーマを扱う方法、２年かけて１回ずつテーマを扱う方法など、テーマの扱い方には幅がある。

　本校では５年生（高校２年に相当）４月からDPの授業が始まり、６年生の11月に外部評価の試験がある。２年次の１学期までにテーマを全て学び

終えたいので、1年次に四つのテーマを進め、2年次に残りの一つのテーマと総復習を行う（表2）。

　IBの公式教科書はないが、ケンブリッジやオックスフォードが教科書のような「コースブック」と呼ばれる書籍を出版している。本校では、English B for the IB Diploma（Cambridge University Press）のテキストを使用してテーマを学び進めている。この書籍にはテーマに関するトピック、それらに関連する単語、情報、評価課題を基にしたアクティビティーや問いが載っている。この書籍に加えて、資料やワークシートを準備しながら進めていく。

　文学作品はその年ごとに扱う作品を決める。例えば本校では、「Animal Farm［動物農場］」（ジョージ・オーウェル）、「The Encyclopedia of Early Earth」（イザベル・グリーンバーグ）、「The Hate U Give［ザ・ヘイト・ユー・ギヴ］」（アンジー・トーマス）などを扱ったことがある。

▼表2　2年間のスケジュール例

年次	学期	テーマ	文学作品
1年次	1学期	アイデンティティー	夏休みに読み進め、2学期に1作品目
	2学期	経験／人間の知恵	
	3学期	社会組織	冬休み／春休みに読み進め、1年次3学期もしくは2年次1学期に2作品目
2年次	1学期	地球の共有	
	2学期	総復習	

3.2.2　週間スケジュールを決める

　テーマと文学作品を扱うだけでなく、同時進行で四技能に関するスキルを向上させる時間を作りたい。テーマを学習する中でスキルは向上するが、授業時間だけでは足りない。授業外でも、英語のスキルを向上させる機会を増やし、英語を用いてテーマについて考える時間ができるようにルーティーン（決まった手順）を作ることが望ましい。

　筆者の場合、表3のように週5コマで、「語彙」「ニュース」「ライティング」

「テーマ」「文学作品」を扱う授業をバランスよく進めていく。実質は２コ
マ連続の授業が週２回あるため、週３回の授業となる。しかし、「文学」は
学期によって扱わない場合もあれば、評価の時期には、その準備のために最
終試験の過去問を解いたり、インタビューの練習をしたりする場合もある。
それによって学習にあてる割合に変化をつけながら進める。これらのスケ
ジュールや課題の提出先は、オンラインプラットフォームの Manage Bac
上で管理している。

　以下に、「単語力の向上」「ニュース」「ライティング」「テーマ」「文学作品」
の５つの観点から、筆者の取り組みを紹介したい。

▼表3　1週間5コマの流れ

	語彙	ニュース	ライティング	テーマ （コースブック）	文学
1	テスト	共有 / ディスカッション			内容確認
2			ピアレビュー	導入、動画視聴や 意見交換読解	
3		共有 / ディスカッション		リスニング	分析
4				意見交換	
5			エッセーを１つ 書く（課題）	ライティング	

Ａ．単語力の向上

　以下のような単語リストを使用している。どれを用いるかは、生徒の状況
によって決めている。

- 語幹を理解するための単語帳
- アカデミックワードリスト（ヴィクトリア大学ウェリントンのアブリ
  ルコックスヘッドによって作成された大学での学びに必要な単語集）
- TOEFL の単語帳

　• コースブックに掲載されているテーマに関する単語

　まず、1週間の学習範囲を指定する。範囲は一周で終わらず、繰り返し出題する。生徒は学習を進める中で知らないと感じた単語を自分なりに記録し、"My Word List" を作成する。学習アプリ（Quizlet 等）に記録する生徒もいれば、小さい手帳にオレンジペンで記録する生徒もいる。語彙のテストは週1回、パッセージの穴埋めや選択肢から選ぶような形式で出題している。

　時には、楽しく学習できるように「Kahoot」というスマートフォンで回答できる早押しクイズや、ストーリーメイキングリレー（単語と時間を指定して、複数人でリレーしながら一つのストーリーを書き上げていく活動）などの様々な形式で行い、何度も繰り返し単語に出会い、記憶に残るようにする。

B. ニュース（動画・記事）

　日常的に英語に触れるために、生徒自ら好きな動画や興味のある記事を一つ探す。サマリー（概要）とテーマに関連させて考えたことを書き、Manage Bac にアップロードする（週1回）。

　例えば、「映画の中の牛乳の象徴」、「大統領のツイート」、「ディズニー初のバイセクシュアルが主人公のアニメ」、「イギリスのコロナ下のホームレス問題」など、生徒目線で面白いと感じた内容を授業で共有する。また、生徒同士で質疑応答やテーマに関するディスカッションを行うことで、テーマに関する理解が深まる上に、クラスの雰囲気が、意見を言い合える、話しやすい環境となる。また、リスニング力、リーディング力、語彙力を伸長させるだけでなく、時事的内容に目を通す習慣がつくようになる。

C. ライティング

　ライティングではそれぞれの設問をしっかりと理解することで文書の目的や受け手を想像し、適切なテクストの種類（Text type）と言語使用域（register）を用いながら一貫性のあるメッセージを豊富な語彙力や高度な文法などで効果的に伝えられることが重要である。

　外部試験1（ライティング）でも、書く前に適切なテクストの種類を選ぶことが求められる。例えば「企業が、自然豊かな土地をリサイクル施設にし

ようとしている。経済的利益でなく、自然への悪影響を住民に再認識してほしい」といったことを伝えたい場合、「ブログ」「社説」「手紙」の内、どのテクストの種類が最適か、といった具合である。相手は特定の個人か、不特定多数か。目的は説得か、情報提供か。概念理解ができていれば、ここから「社説」というテクストの種類を選択する妥当性がわかる。

　そこで、過去の問題やコースブックなどを参考にしながら、様々なテクストの種類を書けるように練習する。そして書いたものをピアレビュー（生徒同士のフィードバック）することで、お互いの良い点や改善点を指摘できるようになり、概念理解が深まる。また、書き手としてだけでなく、受け手としての意識もできるので、普段ニュースを読んだり、様々なテクストの種類を読んだりするときに、より深い理解へとつながるのである。

D. テーマ

　基本的にはコースブックに沿って進めるが、「生徒がワクワクできるか」を基準にアレンジしながらトピックを選ぶ。導入はトピックに関連する動画やニュースを視聴し、大枠のイメージを得てから意見を交換した上で、コースブックを読み進めながら受容的技能、産出的技能、相互交流的技能をバランスよく練習して進めていく。インプットとアウトプットの繰り返しでテーマの理解を深めると同時に、コミュニケーション能力も伸ばしていく。

E. 文学作品

　長期の休業期間等を使って、各自で指定の文学作品を読んでから授業に入る。HL では 2 作品について学習する。章ごとに内容理解、例えば主題、モチーフ、シンボル、隠喩、風刺、背景知識を踏まえた上で話し合い、理解を深める。平素から生徒が説明し、生徒同士で理解を深められるように、教師はファシリテーションする。最終的には口頭試験で生徒自ら多角的に説明する必要がある。たとえば、「Animal Farm［動物農場］」の 2 章では、「モリーのリボン」について論争が起こる。「登場人物の立場やリボンの意味することを踏まえた上で、あなたの意見を述べなさい。」という問いに対し、生徒は「リボンは奴隷の象徴だ」というスノーボールの発言を取り上げ、議論していく。

3.3　「テーマ」学習の設計

　ここでは、テーマに関する学習をどのように設計するかの一例を紹介する。

▼ユニットプラン

シラバスのセクションおよびトピック	テーマ：アイデンティティートピック：地球市民・言語とアイデンティティー	レベル (SL または HL) と学年	HL1年次	日付	1学期2週間（10コマ）
単元の説明および使用する教材等		**本単元のための DP の評価**			
コースブック　ユニット1.1　アイデンティティー：地球市民		試験1ライティング（校内成績）			

探究：単元の目標を設定する

転移（transfer）の目標
言語 B の目的： 3．テキストやインタラクション（相互交流）を通じて文化の多様性による様々な視点に気付き、認めることを促す。 4．他の知識の領域と言語の関連性が重要であることを認識させる。 **トピックの目的：** ・自分なりの考えを口頭や文書で伝え、意味交渉のためにスムーズにやりとりができるようになる。 ・自らのアイデンティティーを整理しようとすると同時に、言語や社会がどのように影響しているかを探究する。 **国際的視野との関連性：** ・個々の多様性を知ることで文化や言語が違う人々との相違点や類似点再認識する。

行動：探究型の「指導」と「学習」

理解すべき重要な内容、スキル、概念	学習のプロセス
生徒は以下の内容を学びます ・国や地域（慣習・人間関係・制約）はどの程度アイデンティティーを定義づけるのか。 ・言語によって私たちのアイデンティティーは左右されているのか（サピア・	**学習経験および自立学習に向けた方法と計画：** □講義 ☑ソクラテス式セミナー □少人数のグループもしくは2人1組での学習

ウォーフの仮説）。
・コミュニティーによってどう自分を見せるかは変わるのか（コードスイッチング）。

生徒は以下のスキルを身につけます
・パーソナルテクストの特徴はどのようなものなのか。
・アイデンティティーを表現する単語はどのようなものがあるのか。
・他者の考えに同意・反論する方法はどのようなものがあるか。

生徒は以下の概念を理解します
・英語という言語内、および他の言語と比較しての変化は、どのようなものか。
・受け手への伝わり方の特徴は何か。発信者の目的や文脈、メッセージはどのようにしてわかるのか。
・私たちは何をもって「私である」と言えるのか。自ら決めるのか、他者から決められるのか。

☑パワーポイントを用いた講義もしくは説明
□個人発表
□グループ発表
☑生徒による講義または進行
□学際的な学習

形成的評価：
単語テスト、ライティング課題（ピアレビュー）、即時フィードバック、動画読み取りワークシート、コースブックの答えあわせ

総括的評価：
試験１ライティング（校内成績）：試験１のルーブリックに基づく

差別化（ディファレンシエーション）した指導：
☑アイデンティティーの肯定―自尊心を育む
□すでにもっている知識を尊重する
☑スキャフォールディング（足場づくり）で学習を促す
□学習を広げる

学習の方法

□思考スキル
☑社会性スキル：社会の規則性と個の違いを認め、共同して学ぶ。
☑コミュニケーションスキル：他者や自分自身と向き合い、理解・伝達するプロセスを学ぶ。目的を考えながら手段を選択するようになる。
☑自己管理スキル：自分を知ることで感情をコントロールする方法、セルフトーク（心の中での自分との対話）、変化への対処を実践する。
□リサーチスキル

「言語と学習」へのつながり	「知の理論」（TOK）へのつながり	「創造性・活動・奉仕」（CAS）へのつながり
☑背景知識を活性化する ☑新たな学習のためのスキャフォールディング	☑・個人的な知識と共有された知識：個人的な知識である自分のアイデンティ	□創造性 □活動 ☑奉仕：活動中にアイデン

（足場づくり）を行う □実践を通して新たな学び 　を得る □能力を発揮する	ティーの認識と、言語学 や社会学の視点からのア イデンティティーを認識 した上で改めて個人的知 識に変化は生じるのか。 ☑・知るための方法：言語 　の特徴がどのように私た 　ちの認識に影響している 　か。 □知識の領域 □知識の枠組み	ティティーの多様性を認 識して企画・運営・活動 できているだろうか。

資料

・短編映画：アイデンティティー
Adames, K. J. [Kalhil Adames]. (2012, May 24). *Identity SHORT FILM (Award Winning Inspirational Short)* [Video]. YouTube. https://www.youtube.com/watch?v = ikGVWEvUzNM
・映画/文学：ザ・ヘイト・ユー・ギヴ
Tillman, G., Jr. (Director). (2018). *The Hate U Give* [Film]. Fox 2000 Pictures; State Street Pictures; TSG Entertainment; Temple Hill Entertainment.
Thomas, A. (2018). *The Hate U Give: Movie Tie-in Edition*. Balzer ＋ Bray. (Original work published in 2017).
・オンライン新聞記事：There really are 50 Eskimo words for 'snow'
Robson, D. (2013, January 14). *There really are 50 Eskimo words for 'snow'*. The Washington Post. https://www.washingtonpost.com/national/health-science/there-really-are-50-eskimo-words-for-snow/2013/01/14/e0e3f4e0-59a0-11e2-beee-6e38f5215402_story.html
・書籍：『コミュニケーション』（チャプター7　言語と文化）
Warren, J. T., & Fassett, D. L. (2015). *Communication: A Critical/Cultural Introduction* (2nd ed.). SAGE Publications, Inc.
・スピーチ、ブログ：コースブック　ユニット1.1
Philpot, B. (2018). *English B for the IB Diploma English B Coursebook*. Cambridge University Press.

3.4　授業の進め方

　上記のユニットについて、コースブックを使った授業の流れを紹介する。全体の概要は以下の表の通り（★はコースブックの問い・課題）。

▼表4　授業の流れ

時	活動内容	ポイント
第1・2時	**アイデンティティーについて話し合う** **1. ★4人の有名人（マザーテレサ、アルバートアインシュタイン、バラクオバマ、ネルソンマンデラ）の言葉を読み、以下の質問に答える。** a アイデンティティーのマインドマップをクラスで作る。何がアイデンティティーを作り上げるのか。この四つの引用から根拠は見つけられるか。 b この人物について知っていることを共有する。 c 生まれた国の影響はどの程度あるのか。これらの引用のどの部分からそう言えるのか。	・現時点での考えをまずは頭の中から出すこと。書き出し、意見を出し合う。それぞれの考えを否定せず、比較しながら、並べる。
第3・4時	**国とアイデンティティー** **1. ★「タイエ・セラシ：出身国の代わりに出身地域を尋ねよう - TED Talks」を視聴する。その前に単語を確認する。** **2. 視聴後に生徒同士で内容確認を行う** **3. ★以下のa-dの問いに対する解答を記述させる。** a 「出身国を聞かれること」と「出身地域を聞かれること」は、セラシにとって何が違うのだろうか。生徒自身の意見は、どうだろうか。 b セラシは習慣によって私たちを定義づけられると言っている。生徒自身の日々の慣習はどのようなもので、それらはどのように文化を定義づけているか。 c セラシは人間関係によっても定義づけられると言っている。１週間の中でどのような人と、どこで繋がりがあるのか。オンライン上か、そうでないか。それらの人や場所はどのように生徒自身を定義するのか。 d 最後に、制約を経験することによってアイデンティティーが定義されるという主張があった。どのような制約を指しているのか。	・セラシの主張する「国」と「地域」の違い、その理由としての「三つの定義」を正確に理解する。その上で、生徒一人一人がどの程度賛成するのか考え、一通り生徒の考えがまとまったらペアで意見を伝え合い、質問し合い、最終的に全体で共有する。

| 第3・4時 | あなたはこのような制約を生活の中で経験しているか。それらはあなたを定義づけるものだろうか。
4.★国から海外に移住して10年経った人のブログを読んでから読解問題を解く。その前に、自分だったらどのようなことを書くだろうか考える。実際に異文化で生活したことがある人がいたら経験を共有する。
5.★テクストの見出しを選ぶアクティビティーをする。
6.★同義語を探す。
7.★フレーズの意味を理解する。
8.★筆者は海外経験から何を学んだのか。「4」での想像と比較する。
9.ライティング課題を与える。
・コースブック（p14）1.23には、2016年リオデジャネイロオリンピックの際に撮られた一枚の写真に対して、4種類の新聞社のニュースの見出しと1人の記者によるツイートがある。そのうち一つを選び、オンラインで記事を見つけて読み、それに対して賛同しても反対しても良いので、考えたことを記者に手紙を書く形で450-600語で書きなさい。 | |
| 第5・6時 | 言語とアイデンティティー
1.雪を表す単語はいくつあるか。また、知っている言語（例えば日本語や英語）によってその差はあるか、話し合う。
2.新聞記事「There really are 50 Eskimo words for "snow"［エスキモーの言葉で『雪』を表す単語は50あった］」を読んで、意見交換をしたり、以下のような問いについて考えたりする。
a 同じ雪を見ても、言語によって「雪」と認識する人もいれば「ソリで滑りやすい雪」と認識する人もいる。サピア・ウォーフの仮説のように、使用する言語によって見えている世界は違うのだろうか。その差は何だろうか。 | ・言語の概念理解のため、言語そのものの性質（変化）、発信者の単語の選択の意図（目的・文脈）、文法の使用によるメッセージ（意味）を考えさせる。意識化させた上で、今後の読み取りにも活かせることを伝える。 |

<table>
<tr><td>

b 日本語の言語で種類が多い単語はあるのだろうか。

c 英語はどうだろうか。日本語が英語になった単語は何かあるか。英語圏の人にとってそれはどのような変化だろうか。

d 使う言語によって伝えやすい内容はあるのだろうか。使用言語による性格の変化はあるだろうか。

3. 同じ言語でも単語の使い方ではどうだろうか。書籍『コミュニケーション』より、「許可なくアメリカに入国する人々」を指す単語について読み、考える。(Communication p.132)

・不法滞在外国人（Illegal aliens）

・経済的難民（Economic refugees）

・夢追い人（Dreamers）

・未登録労働者（Undocumented laborers）

・未登録移民（Undocumented immigrants）

4.★文法が持つ意味を再認識することで伝えたい意味が見えてくる。2種類の文法の違いを説明する。

5.★どのような時に現在形もしくは現在進行形を使うのか分類する。

6.★問題を解いてみる。

7.★テクスト1．2を読む。動詞の時制によって筆者がどのような気持ちを抱いているのかを読み取る。

a 筆者は北京にどのくらい住む予定であるか。

b 中国に来て母国に帰って来たと感じるのか、長期の訪問者として感じているのか。

c テクストのどの部分が根拠となるだろうか。
</td><td>

・アメリカに国境を越えて来る人たちを説明するのにどの言葉を使えばどのような意味になるだろうか。（例 エイリアンという単語を使うことで、自分の世界からは全く違う人々であると定義し、イリーガルとすることで、法を犯しているので罰すられるべきであるという考えを持っていることになる）
</td></tr>
<tr><td>

第7・8時
</td><td>

コミュニティーとアイデンティティー

1. 短編映画「アイデンティティー」を視聴し、考えたことを共有する。

2. 小説「ザ・ヘイト・ユー・ギヴ」の抜粋を読んだ上で、映画化されたものを視聴し、グループで議論する。
</td><td>

・十代の若者として経験したであろうコミュニティー内での雰囲気やその中での自分、その外での自分。その経験と重ねながら映画・文学を分析することで改めて自分を見つめ直す。また、英語圏での同年代との相違点と類似点を学ぶ。
</td></tr>
</table>

第9時	**ディスカッション** 1.★人類学者エドワード・ホールは1976年に文化を氷山に見立て、文化の性質を外部と内部に分類した。そのモデルを用いて、生徒に身近な二つの文化を比較し、相違点と類似点を議論する。	・今まで学んだ国・言語・コミュニティーの観点からアイデンティティーを考えた。テーマ「経験」にも少し関連させながら、これまでの学びと繋げたり、広げたり、問い直したりする。
第10時	**まとめ** 1.この単元ではグローバル化の中でのアイデンティティーについて学んだ。以下の質問に関して学んだことを議論し、振り返りをする。 a 様々なテクストを読んだり映像を観たりしたが、それらは主に物語だった。発信者に共感できる経験はあったか。あなた自身の海外での経験とどのような相違点があるか説明しなさい。 b このユニットのタイトルは「地球市民」だが、これはあなたにとってどのような意味があるだろうか。 c あなた自身は「地球市民」であると考えるか。それはなぜか。 2.アイデンティティーについて、再度マインドマップを書いてみる。どのような変化があっただろうか。あなた自身のアイデンティティーはどのように定義できるか。	・私たちは何をもって「私である」と言えるのか。自ら決めるのか、他者から決められるのか。最初のマインドマップとの差を意識させる。単元の最後には、自分自身の考えを詳細に、例をあげながら、流暢に、英語で伝えられることが大切。

4——授業風景

第7・8時の1

（1）短編映画「アイデンティティー」を視聴し、考えたことを共有する。

　仮面はどのような意味を持つのだろうか。生徒自身も普段コードスイッチングをしているのか考え、共有する。

　生徒からは以下のような意見が出た。

【仮面の意味について】

・これが「美しい」と決められた特定の仮面がある。広告に載っている。

・仮面を外したら「本当の」自分になれる。

- 所属グループによって仮面をつけかえている。
- 人前で仮面をつけていないと変な目で見られる。

【コードスイッチングについて】
- 特に変えている意識はなかった。
- 家族といる自分と学校にいる自分は少し違うから仮面をつけている、と言えるかもしれない
- あからさまな仮面をつける人は好きではない。
- なるべく人によって態度を変えない人であろうとしている。

第7・8時の2

（1）小説「ザ・ヘイト・ユー・ギヴ」の抜粋を読んだ上で、映画化されたものを視聴する。

> 【あらすじ】黒人のティーネイジャーの女の子、スター（Starr）が主人公。幼馴染を目の前で白人警察官に射殺されてしまったところから、それぞれの人種の捉え方、差別や貧困など社会の問題が明らかになっていく。

　スターは、白人の多い進学校と、黒人の多い地元とで、言動を変えている。また、事件をきっかけに、同じ部活で友人の白人ヘイリーとの関係性が悪化していく。その背景を想像し、読み解いていく。

（2）映画を観た後に、それぞれのキャラクターがどのような関係であるかを自分なりのカテゴリーで分類し、紙に書き出す。

　分類や関係性を囲みや矢印などで図示させてもよい。図2参照。

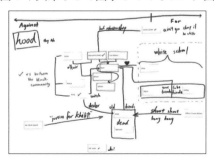

図2：キャラクター関係図（生徒作品例）

（3）グループに分かれ、それぞれの分類を説明し合う。

　黒人の権利に対する関心度の差を軸に関係図を作成した生徒もいれば、家族関係や仲の良さなどで分類した生徒もいた。共感したり疑問に思ったりした部分をお互いに質問し合い、それぞれの解釈を理解していく。

（4）グループで話し合いながら関係性を付箋にまとめる。

　登場人物の関係性を考えていく中で、ある部分では対立し、ある部分では繋がっているところが見えてくる。そこで、それらを付箋に書き出していく。

（5）付箋を、テーマに関連させて分類する。

　付箋に書き出したことが、テーマにどのように関連しているかを貼りながら説明する。その際に、関連した考えや疑問点をディスカッションする。生徒たちは、教師の力を借りず、面白がりながらアイデアを出していく。

　例えば、物語の序盤では、黒人が多い自分のホームタウンにいるときは「スター」であるが、白人の多い学校にいるときは「スターバージョン２」であるというシーンが話題に上がった。そこで、「相手の背景（育った環境や文化など）の違いによって、友達との付き合い方は変わる／変えるものだろうか」という問いが生じる。テーマ「社会組織」に関連したコードスイッチングという視点だ。意見がいくつか交わされ、問いが発展した。「アイデンティティーは環境に左右されるのか、個人のものなのか」というものだ。社会組織のテーマから、「アイデンティティー」のテーマの議論へと進む。そこで、ヘイリーの言動が話題に上がる。ある生徒が発言をすることで、さらに議論が発展していく。

　「ヘイリーは人種差別者ではない。(Hailey is not a racist.)」と書かれた付箋を貼りながら、白人ヘイリーと黒人スターの人種上のアイデンティティーに違いがある事実を指摘し、ヘイリーがスターに対して言ったことは間違っていないのではないか、という主張だ。

　ヘイリーは無実の黒人のティーンエージャーが白人警察官に撃ち殺されたことに関して、一見心を痛めているように見える。授業をみんなでボイコットする抗議活動にも参加する。しかし、当事者であるスターから見れば、ヘイリーのニュースを見ながら「白人警察官にも生活があるのにかわいそう」という発言や、その場のノリや流れに乗ってボイコットを楽しんでいる態度

が許せない。「スターバージョン２」はそれに対して何も言わず友達づきあいを続けていたが、だんだんとそれが耐えられなくなる。そして、とうとう言い合いになってしまうのである。

　スターはヘイリーを「人種差別者」と言い、ヘイリーは「（撃たれた友人は）麻薬密売人だったから凶器を持っていると思われて当然だ。」と言った。ヘイリーは人種差別者なのか。生徒の中の主張は以下の二つに分かれた。

【主張１】「差別はどんな状況下でも許されるものではない。当事者が差別だと感じたらそれは差別だ。」

【主張２】「自分がその状況にいたら、黒人街はまだ地域全体が貧困であるため、麻薬密売人が多かったり殺人などが起きやすかったりという点で警戒するのは当たり前ではないか。自分の身を守るために危険性を知ることは、必要なことではないのか。」

　生徒たちはどの部分では共感できるのか、出来ないかなどを細かく話し合った。

　このような話し合いでは、全員が同じ意見にはならない。ただ、自らの意見を主張しながらも、ある部分では共感し、お互いの考えを尊重していた。このような議論を繰り返すことで、物事の複雑性、その中での個人の意見の大切さを学び、改めて多様性を認めるのである。

5——評価と振り返り

　テーマに関する意見や主張には、絶対的な正解はない。その中で、文化的・社会的背景を理解しながら、どのように自分の意見を根拠づけて主張できるかが重要である。テーマの理解の深さ、それを効果的に伝達できるスキルの高さ、語彙の豊富さ、使用する言語そのものの概念、理解の深さ、それらが総合的に評価へとつながるのである。

　学校での４技能の評価方法は、基本的に最終評価と同じ規準で評価する。全ての活動がそれぞれの技能の最終試験と関連しているため、生徒は常に評価規準を意識し、それに基づいて生徒同士でフィードバックを行ったりす

る。教師もライティングで形成的評価を行ったり、ディスカッションの際は評価規準をもとに質問を投げかけたりするため、生徒は自然とそれらを日常的に意識する。もちろん、それに加えて、各評価の前には練習期間が設けられるため、何度もルーブリックと向き合うことになる。

6──展望

　「現代により良い教育とは何か。」IB機構では、定期的に各教科のカリキュラムの改訂をおこなっている。過去を振り返り、議論し、教師向けの指導書や参考資料も改訂していく。授業をつくるにあたって、教師も同じである。「現代に、そして目の前の生徒にとって、より良い教育とは何か。」教師として常に向き合うべき問いである。よって、教師はいかにIB機構の意図を理解して、生徒の興味がありそうなトピックを選び、4技能を向上させていくかという点を意識しなければならない。

　英語Bでは身近な事柄からグローバルな課題までの、教科を超えた幅広いテーマを扱う。そして、英語圏の文化的背景と学習者にとって身近な文化と比較しながら物事を多角的に捉える力を養う。英語で情報を得て、話し合い、豊富で的確な表現で発信することができる、高度な言語能力も求められる。DPの2年間の学習を終えた時が、英語Bの学習の終わりではない。生徒たちは、DPを足掛かりに、21世紀で通用する国際的な視野やものの見方と、優れたコミュニケーション能力を持った生涯学習者として、社会に羽ばたいていくのである。このような生徒たちが、世界をより良くしてくれるに違いない。

（小林万純）

【注】

1　ただし、リスニング試験は、2022年5月試験まで延期となった。新型コロナの流行により、授業時間の制約等、様々な課題がある中で、新しいスキルの評価に向けて十分な準備が現時点では行えないとIBOが判断したためである。

【参考文献】

・International Baccalaureate Organization. (2018). *Diploma Programme Language B guide: First assessment 2020.* International Baccalaureate Organization.
・Philpot, B. (2018). *English B for the IB Diploma English B Coursebook.* Cambridge University Press.
・Wiggins, G., & McTighe, J. (2005). *Understanding by Design* (2nd ed.). Association for Supervision and Curriculum Development.

④「心のバリアフリー」をめざして
——文化理解を深める日本語学習

| キーワード | 言語B、言語習得、探究、協働、共生社会、多様性

　本稿では、IB「言語習得」の言語B（日本語）のカリキュラムの概要と、国内インターナショナル校での実践例を紹介する。

1——カリキュラムの概要

　2018年2月に言語Bのカリキュラムが改訂され、2020年5月以降は、新しい『指導の手引き（*Language B Guide 2020.*）』に基づいた試験が行われる（新型コロナウイルス感染拡大に伴い、2020年5月の試験は中止）。最新の『指導の手引き』では言語Bの生徒の言語レベルを以下のように明記した。（以下翻訳は引用者）。

> 　　CEFRにおいてA2もしくはB1レベルにある生徒はLanguage B SLを、B1もしくはB2レベルにある生徒はLanguage B HLを選択することが適切であろう。
>
> *（Language B Guide 2020.* p.11）

　ちなみにCEFRとは「外国語の学習、教授、評価のためのヨーロッパ共通参照枠（Common European Framework of Reference for Languages: Learning, teaching, assessment）」のことであり、A1、A2、B1、B2、C1、C2の六つのレベルに分かれている。A1とA2は「基礎段階の言語使用者」、B1とB2は「自立した言語使用者」、C1とC2は「熟達した言語使用者」を意味している。

　言語BのSL（Standard Level）とHL（Higher Level）には、課題の複

雑さ、学習すべき漢字数、作文課題等の字数、評価の際の産出能力の正確さや難易度に差はあるものの、言語習得の目的は以下「ねらい（Aims）」にあるように共通である。

　　1．言語と文化の学習を通して国際的視野を養う。
　　2．多様な状況下で目的を持って学習言語が使えるようになる。
　　3．学習と社会との関わりを通じ多様な視点に気づく。
　　4．言語と文化の関連性の理解を深める。
　　5．知識を深めるために言語が重要な役割を果たすことを意識する。
　　6．言語学習と探究を通じ、批判的かつ創造的に考える力を身につける。
　　7．言語学習からさらなる専門的な学びや就労、趣味に可能性を広げる。
　　8．言語学習に興味、創造性、喜びを持ち続ける。

(Language B Guide 2020. p.13.)

　これらの「ねらい」達成のために、国際バカロレア機構（以下 IBO）は言語習得の言語 B 及び ab-initio のシラバスに、以下の五つの共通テーマを提示している（p.53 参照）。

　　• Identities（アイデンティティー）
　　• Experiences（経験）
　　• Human ingenuity（人間の知恵）
　　• Social organization（社会組織）
　　• Sharing the planet（地球の共有）

(Language B Guide 2020. p.18.)

　勤務校では、これらのテーマにふさわしいトピックを選び、以下の要素を取り入れた「ユニットパケット」を作成し教材として活用している。

【ユニット構成】

1．テーマと目標

2．学習へのきっかけづくり（Tuning In Activity）

3．文法学習

4．テーマに関連した生教材

5．探究活動

6．読解教材と語彙及び読解問題（ペーパー2の練習）

7．聴解タスク（ペーパー2の練習）

8．話す聞くタスク（個人口述の練習課題とインタラクティブな活動）

9．作文タスク（ペーパー1の練習課題）

10．IB試験過去問題

11．(HLのみ) 文学作品読解と個人口述の練習課題

　ここでHLのみが文学作品を扱うことに注目したい。その目的は分析や批判にはなく、言語学習にある。つまり、文学作品は読解力と産出能力を高め、文化理解を深めるための教材の一つとして扱われる。また、HLでは、内部評価に文学作品を使用することも忘れてはならない。勤務校では、より深い理解が得られるように、可能なかぎり学習テーマに関連した文学作品を扱うようにしている。例えば、本稿で紹介する「心のバリアフリー」ユニットでは、障がい者との共生を軸に、石黒謙吾『盲導犬クイールの一生』や辻仁成『そこに僕はいた』を活用している。

　勤務校では、この五つのテーマを元に作成されたユニットを2年で8〜9つ学習する。勤務校の場合、生徒は最終年度2月にIBの試験形式で行う校内模擬試験（Mock Exam）、3月には内部評価の個人口述（Individual Oral）を終え、5月の最終試験（ペーパー1 & 2）に挑むことになる。

　特筆すべき点は、「指導の手引き」に提示されているのはテーマのみであり、具体的なユニットの構築は担当教師に任されていることだ。つまり教師には、学習者の日本語レベルと習得すべき言語能力、知的興味、学習経験などを考慮し、与えられたテーマ内でユニットを作成する自由が与えられてい

るわけだ。日本語学習者のための教材だけではなく、新聞、雑誌、動画やテレビ番組などからふさわしい生教材を集め、学習活動を計画し、形成的及び総括的評価のための課題を作成し、一つのユニットにまとめることは時間がかかる作業だ。また、一度作成したユニットも常に改善し続ける必要がある。その上、IB教育の中核にある「Conceptual Understating（概念理解）」「Approaches to Learning（学習の方法）」「International-mindedness（国際的な視野）」「Learner Profiles（学習者像）」および「TOK」「CAS」「Extended Essay」との関わりも考慮しなくてはならない。その労力は計り知れないが、ここにこそやりがいを感じるIB教員も多いのではないだろうか。

2──授業づくりのポイント

　IB言語Ｂ『指導の手引き』にはユニットデザインの際、留意すべき点が挙げられている。

①多様性（Variety）と透明性（Transparency）

　まずは、多様性である。読解や聴解、ロールプレイやディベートといったインタラクティブ（interactive 相互交流的）な活動および作文や発表といった産出活動には、様々な課題を用意したい。IBの最終課題は「読む、書く、聞く、話す」の全ての言語能力が評価されること、学習者それぞれに得意とするLearning Styleがあることを考慮すると、多様な課題はIBの学びには必須であろう。また、学習に用いるテクストも様々なタイプを用意すること、様々なコンテクストの中で目的にふさわしい表現を選択し使いこなす練習も大切だ。最後に、方言や男女間の言葉の違いなどにも触れ、言語の多様性を知る機会を与えることも推奨されている。

　次に、透明性である。学習目的はもちろんのこと、評価方法や評価規準を明確にする必要がある。それらを事前に提示しておくことで、生徒は何を学び、その学びがどのように評価されるのかを理解した上で、課題に取り組むことができるからだ。（*Language B Guide 2020.* p.25-26. 参照）

②テクスト（Text）

　改訂版『指導の手引き』には、使用すべきテクストタイプが明記されており、Personal（私的）、Professional（専門的）、Mass media texts（公的／メディア）に分類されている。学生は様々なテクストタイプに触れるとともに、相手（audience）、コンテクスト（context）、目的（purpose）を意識することを学ぶ。これはIBの最終筆記試験ペーパー1にも問われる能力であり、プログラムを通して培うべきだろう。（*Language B Guide 2020.* p.20-22. 参照）

③概念理解（Conceptual Understanding）

　生徒は上記のテーマの中で言語を習得することはもちろん、その根底にある「概念」を通して、教科を横断して共有される知識を身につけ、より深い学びを得ることができる。特に、言語Bでは2018年の改訂版『指導の手引き』に、生徒が理解すべき「概念（concepts）」として、以下の五つを提示している。

　　（1）Audience：相手にふさわしい言葉を選ぶこと
　　（2）Context：状況を理解した上でふさわしい言葉遣いをすること
　　（3）Purpose：目的や意図にふさわしい言葉を使うこと
　　（4）Meaning：メッセージを伝えるために様々な方法で言葉が使われること
　　（5）Variation：言語には差が存在すること、それでも相互理解は可能であること

（*Language B Guide 2020.* p.23,24.）

　では、実際の授業でどのように「概念理解」を取り入れることができるだろうか。例えば、読解や聴解で扱うテクストを分類させた後、なぜそのテクストタイプが選ばれたのかを考える時間を設けるのはどうだろう。また、作文課題ではタスク提示後、目的は何か（相手を説得させる、情報を伝えるなど）、目的を実現させるためにはどのテクストタイプが最適か、読み手や聞き

手は誰か、どのような言葉遣いがふさわしいかを話し合うことも有効だろう。

3──授業の実際

3.1　学習者の概要

　筆者は、東京都内にある IB 認定校で、Grade11&12（日本の高校 2 - 3年生に相当）を対象に、IB ディプロマ・プログラム（以下 DP）の言語Ｂ（中上級レベル）および ab-initio（初級レベル）日本語を担当している。本校は、幼稚園から Grade12 まで、50 カ国から約 700 名（2019 年 11 月現在）の生徒が集まるカトリック系女子校である。DP 言語習得の言語Ｂは日本語、スペイン語、フランス語の 3 言語から選択可能だ。日本語を選択する生徒の国籍、日本滞在年数および日本語学習経験は様々であり、SL と HL から選択が可能である。

3.2　ユニットプランと授業の流れ

　以下にユニット「心のバリアフリー」のユニットプランと授業の流れを紹介する。

▼ユニットプラン

シラバスのセクションおよびトピック	トピック：地球の共有（Sharing the planet）	レベル（SL または HL）と学年	SL&HLG11	日付
単元の説明および使用する教材等		本単元のための DP の評価		
心のバリアフリー：共生社会を目指して		ペーパー 1 ／個人口述SL: Visual stimulus ／ HL: literary texts		

探究：単元の目標を設定する

転移（transfer）の目標
・全ての人にとって住みやすい社会とはどのようなものか考える。探究を通し「バリア」は物質として存在するだけでなく個人の心の中にも存在することを知る。 ・違う立場に立って物事を見る。多様性を受け入れ調和を目指す。真の「バリアフリー」実現のために何ができるか考え、行動に結びつける。

行動：探究型の「指導」と「学習」

理解すべき重要な内容、スキル、概念、授業の概要	学習のプロセス
Ⅰ．導入　Tuning In （1）学校内にある松葉杖や車イスを実際に使ってみて、感想を述べあう。障がい者が直面している困難や生きづらさを想像する。 （2）外国人として日本に住んでいて「バリア」を感じることがあるか、少人数のグループで話し合ったのち、クラスで意見共有 **Ⅱ．探求および学習　Finding out** （1）SLユニットで必要な文法を学習。HLは敬語表現に焦点をおき学習。 （2）読解　SL「見て、聞く授業」　HL「盲導犬」　語彙学習、読解問題 （3）聴解　NHK「車いすから見える世界」聞き取り問題　感想を手紙に （4）HL文学作品「盲導犬クイール」抜粋を教材に読解、語彙及び重要表現学習、読解問題、ビデオ鑑賞、あらすじと作者のメッセージをまとめた後、短作文で感想 （5）バリアハント 街の「バリア」を見つける。その後、店員さん、警察官、駅員さんにインタビューを行い障がい者、外国人、高齢者にどのような対応をしているか、バリアフリー対応について質問する。 **Ⅲ．解決および行動　Conclusions / Action** （1）読解　「バリアフリーとユニバーサルデザイン」　語彙、読解問題 ユニバーサルデザインができることをグループで記入し共有。 （2）発表 駅周辺「バリア」ハントで得た情報をグループごとにスライドで発表する。 発見したバリアは何か、どこにあ	**学習経験および自立学習に向けた方法と計画：** □講義 □ソクラテス式セミナー ☑少人数のグループもしくは2人1組での学習 ☑パワーポイントを用いた講義もしくは説明 □個人発表 ☑グループ発表 □生徒による講義または進行 □学際的な学習 **形成的評価：** （1）定期的に実施する漢字クイズ（IB日本語Bの漢字リストからクイズを作成、2年間でSLは400字、HLは600字の漢字を学習） （2）語彙クイズ （3）文型確認および文法クイズ （4）読解問題 （5）聞き取り（聴解）問題 （6）バリアハント発表とディスカッション **総括的評価：**IB評価規準で評価 （1）ペーパー1：形式の作文 【SL】 　体の不自由な人とそうでない人といっしょにレジャーを楽しむイベントに行ってきました。バリアフリーで遊べる上、ユニバーサルデザインのおもちゃや道具などがあって、みんなで楽しむことができました。そこで、ちがいがあっても楽しいと思う気もちは同じだとわかりました。あなたの経験と感じたことを以下のテキストタイプか

るか、現在どのような対応がとられて
いるか、今後さらに改善するべき点は
何か、どうしてほしいかを伝える。
(3) ディスカッションとアクションプラン
心のバリアフリーを目指しこれから何
ができるか、社会にどうしてほしいか
をポストイットに記入。それらをポス
ターに集めてクラスで共有（のちに、
作文課題に活用）

Ⅳ．IB 課題および試験に向けて

IB 試験過去問題演習
SL 障がい者や外国人との共生社会に関
連する写真を用い個人口述の練習
HL「盲導犬クイール」の抜粋をもとに
個人口述の練習

学習文型

【SL】
動詞可能形、てあげる／くれる／もらう、
てみる／てしまう、くする／にする、く
なる／になる、にくい／やすい、名詞節
【HL】敬語表現
インタビューの際に使用する丁寧な表現、
および作文タスクで使用する手紙や発表
で使える敬語表現

概念

・物質的「バリア」と私たちの心の中にあ
る「バリア」や先入観
・多様性に富み調和のとれた社会とは
・国籍や文化、心身機能や能力、性別や年
齢、宗教や信条にかかわらず平等な社会
は実現可能か

ら一つ選んで伝えましょう。（800 字
以内）
《形式》ブログ／学校新聞記事
【HL】
あなたの学校には障がい者にとって
のバリアが多く存在することに気づき
ました。生徒会の一員として、校長に
学校のバリアフリー化を訴えたいと考
えています。どのようなバリアがある
か、どんな困難が生じているかを明確
にした後、バリアフリー化実現に向け
た提案をします。以下のテキストタイ
プから一つ選んで書きましょう。
（1200 字以内）
《形式》校長先生への手紙／学校集会で
のスピーチ
(2) 個人口述の Part1&2
【SL】
バリアフリー関連の写真を 3 － 4
分で描写。その 4 － 5 分質問に答え
る。
【HL】
文学作品「盲導犬クイール」から
引用した部分について 3 － 4 分で説
明。その後 4 － 5 分質問に答える。
録音に Flipgrid を活用

差別化（ディファレンシエーション）した指導：

☑アイデンティティーの肯定―自尊心を
育む
□すでにもっている知識を尊重する
☑スキャフォールディング（足場づく
り）で学習を促す
□学習を広げる

学習の方法

☑思考スキル　☑社会性スキル　☑コミュニケーションスキル　□自己管理スキル
□リサーチスキル

「言語と学習」へのつながり	「知の理論」（TOK）へのつながり	「創造性・活動・奉仕」（CAS）へのつながり
☑背景知識を活性化する ☑新たな学習のためのスキャフォールディング（足場づくり）を行う ☑実践を通して新たな学びを得る ☑能力を発揮する	☑個人の知識と共有された知識 ☑知るための方法 □知識の領域 □知識の枠組み	□創造性 ☑活動 ☑奉仕 Experiential Learning（体験学習）を通して老人ホームを定期的に訪問している生徒は、お年寄りの目線で物事を見ることができるようになったはずだ。今回の学習を日頃の活動に生かしてくれることを望む。

資料

・高橋儀平（2011）『さがしてみよう！まちのバリアフリー』（「見て聞く授業」）小峰書店
・柏原士郎（2019）『よくわかるユニバーサルデザイン（楽しい調べ学習シリーズ)』PHP研究所
・中国地方整備局「バリアフリー・ユニバーサルデザイン」
http://www.cgr.mlit.go.jp/universal/10_03.html
・「かわこくキッズ　川崎国道　調べてみよう！バリアとバリアフリー」
http://www.ktr.mlit.go.jp/kawakoku/kids/index.htm
・「On my way 心の壁をなくすには？ダンサーの話 On My Way　NHK for School」
https://www.nhk.or.jp/doutoku/onmyway/shiryou/2015_002_01_shiryou.html
・「ユニバーサルデザイン」富士通
http://www.fujitsu.com/jp/about/businesspolicy/tech/design/kids/ud/house.html
・「車いすから見る世界　NHK for school　げんばるまん」
https://www.youtube.com/watch?v = WhjQEEb-vwc
・「盲導犬ができること　NHK for school げんばるまん」
https://www.youtube.com/watch?v = DKFUfopkOdQ
・『小学校国語　盲導犬の訓練』東京書籍（3年下）
・石黒健吾（2001）『盲導犬クイールの一生』文藝春秋
・辻仁成（1995）『そこに僕はいた』新潮文庫
・「盲導犬クイールの一生」（第7回「ありがとうクイール」）
https://www.youtube.com/watch?v = jH6EiueoIi8&list = PLQxUVDv7LaC2QTeWP8aYoogJ6GuXeg194

・嶋田和子（2012）『できる日本語　初中級　中級』アルク
・山崎佳子他（2015）『日本語初級　１＆２　大地』スリーエーネットワーク
・當作靖彦他（2009）『ドラえもんのどこでも日本語』小学館
・国際交流基金関西国際センター（2004）『初球からの日本語スピーチ』凡人社
・Flipgrid
　https://info.flipgrid.com/
・IB Examination Paper 過去問題

▼表１　授業のながれ

週	活動内容	指導上の留意点・評価
第一週	１．ユニットテーマ提示 ２．導入 　（１）障がい者の気持ちを想像してみよう 　（２）外国人として感じる「バリア」 ３．文法学習 　（SL）可能形動詞、てあげる／くれる／もらう、てみる、てしまう、てくする／にする、にくい／やすい、くなる／になる、名詞節 　（HL）敬語表現 ４．（HL）「盲導犬クイールの一生」読解	1-2．六〜七週間かけて取り組むテーマに興味を持たせることが目的。 ３．文法学習は文型を導入後実際に活用する場を多く与える。個人、ペア、グループと取り組み方を変えたり、話す、書く課題も取り入れるなどして、文型理解を徹底させる。 ４．サイクルに１回のHLのみの授業で行う。難しい表現や語彙を確認し、内容確認のため読解問題にも取り組む。
第二週	１． SL「見て聞く授業」語彙学習→読解→読解問題 HL「盲導犬」語彙学習→読解→読解問題 （HL）「盲導犬クイールの一生」読解 ２．「車いすから見える世界」聴解 ３．手紙形式で感想を書く	１．語彙を学習したのちテクスト読解。 ２．個人で聞いた後、パートナーと理解を確かめながら穴埋め問題。 ３．ビデオに登場した岡村さんに感想を手紙形式で伝える。（評価）ペーパー１の評価規準の一つで採点。今回は手紙の形式が正しいか、目上の人にふさわしい言葉遣いができたか Conceptual Understanding（概念理解）を評価。

第三週	1．(HL)「盲導犬クイールの一生」 語彙学習、読解 2．(SL) 絵を用いて「バリア」探し（文法活用練習） 3．「バリアフリーとユニバーサルデザイン」読解 　語彙学習→読解→読解問題→意見共有	2．街や家の中の様々なバリアが描かれている絵を描写。文法が正しく使えているかを評価。 3．まずテクストを読む。ペアになり内容確認。次に語彙学習をし、もう一度テクストを読み直す。最後に読解問題。
第四週	1．駅周辺での「バリア」探し準備 2．探究活動 3．(HL)「盲導犬クイールの一生」読解後ビデオ鑑賞	1．目的、探究方法、必要な準備、評価方法を明確にする。 2．街に出て「バリア」探し。 3．感想を口頭で共有。
第五週	1．探究のまとめと発表の準備 2．グループごとに見つけた「バリア」、共生社会への課題・提案を発表 3．ディスカッションとアクションプランの共有 4．ペーパー1 作文タスクの説明	1．探究活動したグループごとにスライドと発表の準備。 2．各グループの発表と質疑応答。聞き取りチャートにメモをとる。発表と質疑応答はIA評価規準のLanguageおよびInteractive skillで評価(communication) 3．ディスカッション後、付箋に自分のアクションプランを記入しクラスで共有。これは、のちの作文課題に使用する。 4．タスクと評価規準を提示後テクストタイプ、ふさわしい言葉遣いを決め構成を考える。作文を書く作業は宿題。ドラフトに提案と訂正すべき箇所に印(editing symbols)のみ記入し返却。清書し提出されたものをペーパー1評価規準で採点。
第六週	1．個人口述のPresentation/Follow-up Discussion練習 　(HL)「盲導犬クイールの一生」の抜粋を用いて 　(SL) 障がい者や外国人との共生社会に関する写真で	1．個人口述の手順、求められるもの、評価について確認。文学作品の抜粋（HL）、写真（SL）を提示しグループで「何がわかるか」「何を話すか」考える。各自15分でメモを作成。教師が

2．過去問題に挑戦	メモを確認したのち、練習しFliprid に 3 − 4 分の presentation を録音。ペアでお互いの presentation を聞き、質問を 3 つ録音。自分への質問を聞きそのこたえをさらに録音。評価規準の全て、もしくはいくつかに絞り採点。 2．関連したテーマを扱った過去問題で読解。重要語彙や文法表現を確認。

4──授業風景

読解

　ユニットのはじめに、きっかけづくりとして取り入れたり、探究の材料として活用したり、もしくはユニットのしめくくりとしても使える読解。まず、テクスト内から言語Ｂレベルの語彙や表現を取り上げ学習する。授業で意味調べや文章づくりの協働作業をしたり、宿題や課題として語彙練習をしたりしても良いだろう。また、生徒が様々な方法で読解に取り組めるよう工夫したい。例えば、段落ごとにグループで内容をまとめ教え合ったり、ジグソー法を用いたり、チームごとに音読の流暢さを競ったりといった具合だ。単調になりがちな読解活動も楽しくやりがいのあるものであれば、生徒の学習意欲も高まるだろう。

図1　ジグソー法を用いた読解

図2　チームで競争中

文法学習

　SL で重視しているのが、文法学習である。プログラム開始時にはまだ中級レベルに達していない学生もおり、言語Bに必要な中級文法を各ユニットで重点的に学習する。もちろんHLの学生にも、誤用が目立つ文型や上級表現の学習は必要である。ただ、文型練習だけに終始せず、コンテクストの中で正しく、目的を持って使えるような場を与えるようにしたい。最終試験のペーパー1に向けた作文課題では、重点的に学習した文型や語彙を取り入れるように指導し、個人口述の練習では、目的に応じた文型（写真を描写するための文型、意見を述べるための文型など）をあらかじめ提示しておき、それらを正しく使うよう促している。本ユニットでは、学習した文法を意識して使用し、「バリア」を描写する活動などを取り入れた。

探究活動

　IB の学習者像の一つでもある「探究」。本稿で紹介したユニットでは、実際に街に出てどのような「バリア」が存在するのか、どれほど「バリアフリー化」しているのかをチームに分かれて探究した。訪問先に予め目的を伝え承諾を得ておいたおかげで、駅、交番、大型家電量販店、コーヒーチェーン店、コンビニエンス・ストアのすべての訪問先で素晴らしい対応をしてくださった。訪問の前には、あらかじめ質問を準備しインタビューに臨んだ。日本在住とはいえ、一日のほとんどを英語もしくは日本語以外の母語に囲まれて過ごす生徒たちにとって、教師以外の生の日本語に触れる貴重な経験となった。

図3　駅周辺での探究の様子

発表

　チームごとに発見した「バリア」と今後の課題について、スライドを用いて発表した。必要な情報、発表の構成、使える文型、評価方法について、あらかじめ明確にしておき、各チームに準備させた。発表では、箇条書きのメモのみ使用を許可し、スクリプトを「読む」のではなく聞き手に「話す」よう心がけること、聞き手からの質問に適切に答えること、その際求められている答えに「プラスα」を加えることを課題とした。

　発表後のディスカッションでは、私たちに何ができるか、多様化の進む東京の未来に何を求めるかに焦点をおいた。すると、そこから自国における共生社会への取り組みやバリアフリー対策についての情報共有が自発的に起こった。結果的に、有意義な学びとなり、国際理解につながる経験となった。次回は、これを探究活動の一つとして行うことも考えたい。ちなみに改訂版『指導の手引き』によると、発表やディベート、ディスカッションなどインタラクティブな活動の成績の提出は要求されない。しかし、言語習得の授業では意義ある活動であるため、各ユニットで最低1回は評価活動の一つとして行っている。

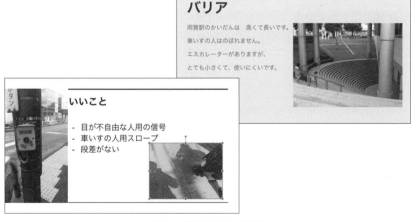

図4　発表のスライド例

5──振り返り

　街で実践した探究学習の成果もあり、生徒たちはそれぞれ「物質的なバリアと心にあるバリア」に気づき、「ちがう立場に立って物事を見ること」と「多様性を受け入れ、調和をめざすこと」の大切さを学ぶことができたと感じている。今、私たちが住んでいるのは、心身機能だけでなく文化や国籍、性別や年齢、宗教や価値観に違いを持つ人々が集まる多様化社会。インターナショナル校はまさにその縮図とも言えよう。そこで毎日の生活を送る生徒たちこそ、自分とは異なる条件や特徴を持つ人を認め、その個性を尊重する共生社会を築くことができる人材だと信じている。

6──おわりに

　国際バカロレア資格取得を目指す上で、多くの生徒たちは最高点の7を獲得すべく努力するだろう。教師としても、もちろん良い成績でプログラムを修了してほしい。しかし、IB言語習得プログラムの一番のゴールは日本語を学習し、日本文化に触れることで自身の文化理解も深め、さらに日本語と文化に対する興味を維持し続けることにあることを忘れないようにしたい。

　最後になるが、今後の課題として、教師間のネットワーク構築を提案する。世界中のIB認定校には、言語Bを担当する教師は校内でただ一人、まさに孤軍奮闘なさっている先生方も多いと聞く。今後情報交換だけでなく、教材開発やユニット作成に教師間の協働作業やコラボレーションが望まれる。

（髙谷真美）

【参考文献】

・International Baccalaureate Organization. 2018. *Language B guide First assessment 2020*. Cardiff, UK.
・International Baccalaureate Organization. 2018. *Language B teacher support materials First assessment 2020*. Cardiff, UK.
・International Baccalaureate Organization. 2014. *IB プログラムにおける「言語」と「学習」*. Cardiff, UK.
・Council of Europe. 2001. *Common European Framework of Reference for Languages: Learning, teaching and assessment*. (http://www.coe.int/lang-CEFR. Accessed December 6, 2019.

【個人サイト】
○日本語 B 教材共有広場　IB Language B Share Square
　https://sites.google.com/seisen.com/ib-japanese-b-sharesquare

⑤ 概念とスキルを重視した歴史教育
—— IBDP の手引きから学習指導要領への応用

▌キーワード▌　概念的理解、学習者の役割、授業者の役割

1——はじめに

　ここで紹介する、国際バカロレア（以下、IB）・ディプロマプログラム（以下、DP）歴史の授業実践例は、具体的な最終試験対策やカリキュラム作成といった、公式な IB ワークショップで行うような内容を盛り込んだものではなく、むしろ日本の『新学習指導要領』（平成29年・30年改訂）における「歴史総合」や「世界史探究」でも活用できる、IB の授業手法を紹介することを念頭において記述されている。

　本稿は、著者が2019（令和元）年7月に東京・中野サンプラザで開催された、第60回全国歴史教育研究協議会で報告した「歴史学習と概念的理解〜国際バカロレアの実践から歴史総合へ〜」に基づいている。すなわち、日本の『新学習指導要領』や IB 歴史を含めた、各国における歴史教育の動向と「概念的理解」について、そして DP 歴史をヒントにした、これからの歴史教育における概念的理解についての具体的な内容を多く含んでいる。

　21世紀の歴史教育を考える上で、本実践を通して強調されることは主に3点ある。授業の最大の目的はスキルを身に付けさせることにあること。そのために知識を得て増やすのは学習者の責任であるということ。そして、指導者は概念的理解を促し、学習者のスキルを高めさせる点に責任があるということの3点である。

　授業実践自体は、日本人の英語 DP 学習者向けの実践、すなわち母語ではない言語で歴史を学習する生徒向けの実践であるが、デュアル IB 認定校（日本語 DP とも呼ばれる Dual Languages Diploma Programme を実施している IB 認定校では、日本語で歴史を教えることも可能）の先生方や、『新

学習指導要領』の準備を進める先生方の実践に向けたヒントとなれば幸いである。

2──学習者の概要

　本校の IB コースの生徒は、日本人の英語 DP 学習者がほとんどであり、母語ではない言語で DP 歴史を学習する。そのため、歴史用語の英語での理解、資料の英語での読解などの負担がかかり、さらには IB の最終試験での論述を英語で行うための練習を積まなくてはならない、という困難さがある。

　また、本校は一条校であるため、学習内容は『学習指導要領』との整合性を鑑みて進められる。そのため、学校が選択する DP 歴史は外部評価であるペーパー 1 での「move to global war（世界規模の戦争への動き）」のように、日本関連のトピックが多い。しかしながら、一方では、日本人生徒には帰国生徒が多く、日本史に関する予備知識がほとんどない場合が多い。別の言い方をすれば、「多様な学習バックグラウンド」を持つ環境である。21 世紀に増加していくであろう、このような環境下において、この多様性を強みに変える取り組みができるか、以下に一試案を述べていく。

3──カリキュラムの概要

　本校では IB コースの生徒は高校 1 年生（DP 開始前）に「世界史 B」及び「日本史 B」を学び（現行の『学習指導要領』による）、DP 開始後はペーパー 1 となる指定学習項目（五つの単元から一つ選択）で「move to global war（世界規模の戦争への動き）」を、ペーパー 2 となる「世界史トピック」（12 の単元から二つ選択）で「independence movement（独立運動）」と「cold war（冷戦）」を、そしてペーパー 3 となる「詳細学習」（四つの地域から一つ地域を選び、さらにその中の 18 の単元から三つを選択）では、アジア・オセアニア史から「Challenges to traditional East Asian societies（伝統的な東アジア社会への挑戦）（1700 - 1868）」、「Early modernization and imperial decline in East Asia（東アジアの初期の近代化と帝国の衰退）（1860 - 1912）」及び「Japan（日本）（1912 - 1990）」を学んでいる。

　海外 IB 認定校や一条校でない国内 IB 認定校の教科担当者からは、「内容が多すぎる、もっと絞った方がよい」と言われる。というのも、IB の規定では、ペーパー1で一つ，ペーパー2で二つ、ペーパー3で三つとなっており、他の IB 認定校では、例えばペーパー1の「move to global war」とペーパー2の「causes and effects of 20th century wars（20 世紀の戦争の原因と結果）」を重ねて、教える内容を絞るという工夫をしているためである。しかし、『学習指導要領』と DP 歴史の内容の整合性をとる必要上、教育委員会とも検討を重ねて、現行ではこのようなカリキュラムとなっている。勤務校では、DP でカバーしていない古代史、中世史、近現代史については DP 学習前の高校1年生の段階で学習する。

4──授業づくりのポイント

　授業づくりのポイントを述べるのに際し、まずは①ねらい、②概念、③IB の特徴の順に全体像を述べていく。この設計方法は、『学習指導要領』の「歴史総合」や「世界史探究」における授業設計とも共通しているため、IB を担当していない先生方の授業実践にも役立つ部分が多いだろう。

　次に、④具体的な単元の実践例、⑤評価と振り返りの観点から、詳しく一つの単元を例にとって授業づくりの例を紹介する。この部分では DP 歴史のペーパー3のトピックに焦点を当てているが、評価の内容を『学習指導要領』の観点別評価と整合させているので、この部分でも、広く歴史教育に従事している先生方のご参考となれば幸いである。

①ねらい

　まずは、言語教育で以前から導入されている、CALP（Cognitive Academic Language Proficiency；学習に必要な言語運用能力）のチャートをご覧いただきたい。CALP とはバイリンガル教育の研究者であるカナダのジム・カミンズが提唱した理論で、学習に必要な言語運用能力のことで、IB では「認知言語学習運用能力」（『IB プログラムの「言語」と「学習」』）と訳している。

　表1は、バイリンガル教育では以前から導入されている CALP（Jim

Cummins 1979）を、他教科の学習設計においても取り入れるよう、国際バカロレアが全ての教科の新ガイドから導入を進めている手法である。著者は国際バカロレアの導入より数年早く、CALP を授業設計に取り組み始めた。

　CALP を使用する歴史の授業では、日常生活で必要な言語運用能力（BICS；Basic Interpersonal Communicative Skills：基本的対人伝達能力）とは異なり、学習者は様々な歴史用語を正しく理解し、最終的には「どの程度（to what extent）」「議論しなさい（Discuss）」「評価しなさい（Evaluate）」といった、IB の指示語が求める論じ方に応じた問いへの解答を最終試験で実践しなければならない。これは下記チャートにおける一番右下の段階（段階 20）に該当する。授業設計は、必ずこの「最終的なアウトプット」からの逆算で、「単元のねらい」「本時のねらい」「この活動でのねらい」を設計していくことになる。

▼表1　CALP の習熟度チャート

	予備知識の活性化	新知識をインプットするための足場づくり	新知識定着のための活動	得た知識を流暢に使いこなす
聞く	段階 1	段階 6	段階 11	段階 16
話す	段階 2	段階 7	段階 12	段階 17
対話する	段階 3	段階 8	段階 13	段階 18
読む	段階 4	段階 9	段階 14	段階 19
書く	段階 5	段階 10	段階 15	段階 20

出典：Mathematics: applications and interpretation, teacher support material などをもとに、著者が作成

②概念

　『新学習指導要領』でも導入される「概念的理解」であるが、IB では「IB プログラムは、幅広く、バランスのとれたアカデミックな学習と学びの体験に触れる場を児童生徒に提供します。IB の概念学習では教科横断的な領域における関連性、すなわち体系化のための考えが重視されるため、学習内容

を統合しカリキュラムの一貫性を持たせています」(『国際バカロレア(IB)の教育とは?』p. 6)となっている。これは広義の概念的理解とも言え、教科を超えた学習の統合と転移を促すためのもので、「概念的理解」と聞くと、こちらをまず想定することが多いであろう。それに対して、『新学習指導要領』や IB が近年導入を進めている概念的理解は教科内の、狭義の概念的理解と言える。

　DP 歴史の『指導の手引き』では六つの概念として、資料を用いて定説に挑戦する「変化」、大きな歴史的変化の中にも継続性を探す「継続」、歴史的事象に対する原因を多面的・多角的に考察する「原因」、歴史的事象の短期的・長期的な結果を考察する「結果」、定説で語られていない人物や事柄について考察する「重要性」、マイノリティや女性など、これまで語られていない見方から考察する「観点」を定めている。

　これらの概念は主に 90 年代のイギリスから導入され、各国で整理・発展し、最終的に新 DP 歴史や日本の新しい『学習指導要領』に導入されてきたものであるが、後半ではこれらの概念を用いた授業展開方法を具体的に述べる。また、その際には、世界に先駆けて概念を導入したイギリスの歴史教育で指摘されている、「概念を定義するデメリット」への対応策もあわせて述べることにする。

③ IB の特徴

　具体的な授業事例に入る前に、授業の前提条件を、現行の日本における歴史教育との比較において、IB における歴史教育の特徴として述べておきたい。ここで述べることは、冒頭で述べた「授業の最大の目的はスキルを身に付けさせること」「知識を得て増やすのは学習者の責任」そして「指導者は概念的理解を促し、学習者のスキルを高めさせる点に責任がある」という三つの原則の具体例となる。

　まず一つは、「知識を得て増やすのは学習者の責任」という点である。この前提を押さえていない IB 認定校も世界中に少なからず見られるが、この前提なくしては、後述していくような質の高い Inquiry based learning(探究型学習、イギリスでは、Enquiry-Based learning と呼ぶ。以下、EBL)

を行うことができない。指導する教員の責任は、授業時間内に必要な知識を詰め込むことではなく、質の高い EBL の機会と、知識をアップデートするソースを提供することにある。それゆえ、知識のアップデートは宿題、という形で行われることになる。宿題は指定された書籍や、オンライン動画などを見て、予備知識を蓄えるためのものが多い。

次に、前述した CALP の「読む」「書く」よりも、IB では「聞く」「対話する」「話す」に授業活動の焦点が置かれる点である。「板書を読む」「ノートに書く」といった受け身の活動は IT の活用などにより極力省き、「他者の意見を聞く」「他者と対話する」「自分の意見を述べる」といったアクティブな活動をできるだけ授業時間内に盛り込むことになる。これが上述した質の高い EBL 活動の機会となる。

最後に、「概念を用いて問いを立て、探究する」という意味における、概念的理解の導入である。ここは非常に大事な点であり、概念を用いないと、学習内容がうまくスキルへと転移せず、「ただオープンエンドなだけの活動」になってしまう。

これら三つのポイントをもとに、次に具体的な一授業の設計と展開について述べたい。

④具体的な単元の実践例

IBDP ヒストリーの上級レベル（HL）の一つの単元である、「Challenges to traditional East Asian societies（伝統的な東アジア社会への挑戦）（1700 – 1868）」（IBDP では 30 時間配当）を、実際に指導した際の内容、概念、スキルへの転移のための活動をもとにした指導計画を以下に述べる。この部分は『新学習指導要領』の内容「C　諸地域の交流・再編　（3）アジア諸地域とヨーロッパの再編」及び「D　諸地域の結合・変容　（2）世界市場の形成と諸地域の結合」の身につけるべき内容及び技能と重なる。

本単元の内容及び概念とスキルの例は次ページの表2のようになる。ここでは内容として「第一次アヘン戦争」を取り上げてみたい。概念やスキルは授業者が、①のねらいで述べたような最終的なアウトプットから逆算して、毎時の授業で設定していくが、ここでは概念として「原因」を、スキルとし

て「歴史的な思考や情報を整理し、表現する力」を取り上げる。

　次に授業活動のつくり方について述べる。ここで参考になるのが、EBL
を以前から導入し、多様で広範な資料をホームページで公開している、マン
チェスター大学の取り組みである。すなわち、Problem-Based learning 課
題解決型学習（指導者が課題と解決の手法を与え、グループで課題を解決し
発表する）、問題解決型学習（指導者が課題を与え、学習者は解決の手法と
解答を見つけ、発表する）、Small scale investigations 小規模実体験調査
（フィールドワークのような小規模だが時間をかけて取り組む調査体験、学
習者は自ら課題を設定し、調査手法を考える）、Projects and Research 調
査プロジェクト（卒業時の課題研究のように、半年から1年近くをかけて、
自ら設定した課題に、自ら考えた調査手法で挑む）という段階を踏むEBL
の段階的指導である。

▼表2　本単元の内容及び概念とスキルの例

内容	①清朝統治の性質と構造／乾隆帝 ②国内からの挑戦の原因と結果／白蓮教徒の乱 ③朝貢体制と西洋の貿易使節団 **④第一次、第二次アヘン戦争の原因と結果／不平等条約** ⑤太平天国の乱：盛衰の理由／中国社会への影響 ⑥日本の徳川幕府の統治／経済と社会の構造 ⑦国内からの挑戦／社会、経済の変化と不満の理由 ⑧ペリー来航と幕末の危機（1853〜1868年）／徳川幕府の衰退の理由
概念	**概念例「原因」** **IB歴史における定義**：（略）深い歴史的理解とは、生徒が多くの歴史的事象は様々な要因から発生することを認識し、それについて生徒が資料を根拠にしてどの要因がより重要であるか、又はどの要因が個々人に起因しどれがそうでないかを判断をすることによりなされる。
スキル	**スキル例「歴史的な思考や情報を整理し、表現する力」**：問いや仮説を立てて、解答・検証する力。ある問いを探究するために複数の資料を使用し、統合的に扱う力。情報や考えを適切に選び出し、効果的に使う力。見解や分析、さらに関連する実証を使用して、歴史的な「語り」を構築する力。要約し、結論を導き出す力。

※内容、概念と定義、スキルの定義については、全てIBDP歴史の『指導の手引き』より

　この段階的指導を取り入れることにより、前述したイギリスで指摘されている「概念を設定したゆえに、問いが均一化してしまい発展しない」というデメリットを解消することができる。なぜならば、課題解決型学習、問題解決型学習では IB ガイドで設定した概念や問いを焦点化するために用い、小規模実体験調査や調査プロジェクトでは、概念そのものを学習者が設定し、より教科横断的で、創造的な発想を促すことができるからである。

　以下では、まず課題解決型や問題解決型の EBL を取り入れた授業展開例を示す（表3）。

▼表3　課題解決型学習、問題解決型学習を通じた問いと学び

授業の問い	配当時間	学習活動と小さな問い	用いる資料
①課題解決型の問いイギリスと清朝では「貿易」に対する考え方がどのように異なっていたのか②問題解決型の問いアヘン貿易によって生じた両国の対立を、両国はどのように解決しようとしたのか	1時間	①資料を基にした討論（20分）広東システムとイギリスの使節団〜相互の「貿易」に対する考え方はどのように異なっていたのか〜②資料を基にした討論（20分）アヘン貿易〜アヘン貿易の拡大は清朝・イギリスでどのように受け止められたのか〜③全世界の参加者との討論（20分）林則徐とアヘン戦争〜清朝のイギリスに対する行動は不当であったのか〜	使節団に託されたジョージ3世の書簡、乾隆帝のジョージ3世への書簡（Rowe より）イギリス国内の賛否意見、清朝に対する影響（Rowe 及び、無料公開講座 edX, HarvardX より Unit32：Opium and the Opium War, Section 2：Opium and a Changing World Order）林則徐のヴィクトリア女王への書簡と世界の講座参加者の反応(無料公開講座 edX, HarvardX よりUnit32：Opium and the Opium War, Discussion)

　この授業活動、すなわち資料を用いて問いについて討論をしていくという
活動を経て、次の授業ではより高度な、概念を活用した問いへと学びは移行
する（表4）。例えば、概念に「原因」を扱った場合、実際のIBDPの最終
試験でも問われたような、「どの程度、アヘン戦争はアヘンが原因であった
のか？」という問いが立てられる。すなわち、この段階で「相互の貿易シス
テムが異なり、かつ外交交渉による貿易問題の解消ができなかった」という
側面を入れて、アヘン戦争を考察する作業が行われるのである。

▼表4　「小規模実体験調査」以上へと発展していく問いと学び

授業の問い	配当時間	学習活動と小さな問い	用いる資料
（「原因」という概念を活用した問い）どの程度、アヘン戦争はアヘンが原因であったのか？	1時間	学習者はアヘン戦争の「アヘンが原因でなかったと言える点」と「言えない点」の観点で用いてきた資料を分類する。Google docs などを用いて、対立双方の点を擁護する主張をお互いに書いて、反対する意見への反駁を入れながら最終的に自分の意見を論じる。	上記の、アヘン戦争に関する一次及び二次資料
（概念的調査課題）貿易が原因で戦争となった場合と、そうでない場合には、どのような違いがあるのか？			

　上記のように、2時間のアヘン戦争の授業での学びは、表中の単元を通じ
た概念的調査課題の発見へと、発展、転移していく。この積み重ねが、学習
者に良質な内部評価（IA）や課題研究（EE）の調査課題への気づきを促し
ていくことになる。

5——授業の流れ

　次に、授業における学習の流れについて上述した CALP の段階をもとに述べてみたい。授業における活動は、概ね以下のような CALP の段階を通じて、「内容→概念→スキル→次の内容へ」と転移していく。すなわち、詳述すると、学習者の予習（既習事項の確認、CALP「読む」「聞く」）、全体でのディスカッションによる深化（CALP「対話する」「話す」）、問いを与えて全体で考える（既習事項から次の学習言語への転移、CALP「聞く」「対話する」「話す」）、問いについて自分の考えを述べる（新しい学習言語の習得、CALP「書く」）というサイクルである。上述した授業の一例で言えば、資料を予習過程で読んできて、授業内ではクラス全体で問いについて討論をし、理解を深め、次の授業で自分の考えについて書いてみる、というサイクルである。

　授業設計は CALP の「聞く」「対話する」「話す」に焦点を置く。「読む」は学習者の責任において行われるため、DP 開始前には適切なリーディングスキルの習得が求められる。「書く」は総括的評価で行われるが、上記の学習活動例でも述べたように、単元の最後に取り入れることができる。その際、大事なこととしては「できるだけ対話的に書く」こと、そして「指導者の事務的な手間と時間を省くこと」である。この 2 点を満たすためには、Google docs を用いて、授業の参加者全員で同時に書きながらディスカッションを行う、などの ICT 機器の活用などが有効である。

　学習者の責任において行われる「読む」の部分では、学習者のバックグラウンドや言語能力等によって差が出てきやすい。そのため、短い時間でまとまっており、字幕もついているような YouTube の学習動画などを採用する IB 校が多い。そのような場合、事前の宿題で動画のリンクが与えられ、授業の予習として見てくることが求められる。本校の場合では、より学問的でかつ内容も理解しやすくまとまっているため、edX（ハーバード大学と MIT が共同で創立したオンライン教育サービス）の歴史講座を利用したりしている。例えば、ペーパー 3 の単元である清王朝から辛亥革命までの歴史については、ハーバード大学の「China X」シリーズが有効であり、同じくペーパー 3 の単元であるペリーの来航や明治時代の文化、大正時代の大衆政

治については、東京大学・ハーバード大学・MIT の合同講座や、東京工業大学の講座など、有効な講座が存在している。過去の講座もアーカイブとして、無料で使用することができ、現在進行形で開講されている講座の場合には、世界中の参加者と議論をすることもできる。もちろん無料である（有料で講座終了後に受講証をもらうこともできる）。

　既習事項を確認する際は、無料で作成できる携帯四択ゲーム、Kahoot などを活用することで、楽しく既習事項の復習を導入時にすることができる。同サイトは日本語でも四択クイズを作成できるので、日本語で行われる授業でも有効である。前述しているように、知識の蓄積は学習者の責任であるが、定期的に Kahoot を用いた、年号や歴史上の人物および出来事の四択クイズを行うと、生徒も日々の授業に緊張感が出て真面目に取り組むようになる。また、毎回お菓子程度の商品を出すことで、家での暗記作業にも娯楽性を持たせることもできる。

　「聞く」「対話する」「話す」の活動の工夫としては、「発言権」としてビー玉を一人に一つずつ与え、全員のビー玉が箱に入るまでは（すなわち全員が一度発言をするまでは）、次の発言を行えないという活動や、無言で、同じ資料を見てそれぞれの分析をワークシート上に筆記で議論するという活動などを取り入れることで、積極的には発言をしないが、良い意見を持っている生徒を授業に参加しやすくすることができる。前述したように、母語が英語でない日本人生徒が多いため、英語の授業ではネイティブの生徒に遠慮してしまうことが多い。そのような時は、上述したような仕掛けをすることで、日本人生徒も臆せずに自分の意見を言いやすくなるし、ネイティブの生徒もその意見を黙って聞く、という練習もできる。

　また、以下の授業風景でも取り上げるが、時には色つき粘土や折り紙などを用いて、学んだことを「3D 概念図」にして表現してみるといった活動を取り入れると、生徒の学びへの意欲を高めることができる。指導者が五感を刺激するような活動を CALP の段階学習に取り入れることで、学習者は深い思考をより楽しく、積極的に行うことができる。

6──授業風景

　以下に、ヒストリーの授業風景をいくつか紹介したい。なお、本校は公立学校であるため、生徒の肖像権や個人情報を保護するため、写真は個人を判別できないもの、もしくはできない画質になっていることを了承していただきたい。

①教室外での学び

　入学して最初の授業は学校図書館から始まり、その後も頻繁に学校図書館やオンラインデータベースを用いて、求める情報をどのように検索することができるかを学ぶ。ここを徹底するかどうかで、すぐに Wikipedia に頼る生徒になるか、先行研究に触れることができる生徒になるかの違いが生まれてしまう。IBDP が始まる前の1年次に、このような習慣を身に付けておくことが肝要である。

図1　図書館での活動の様子

②学習成果物を形として残す

　上述したような「3D概念図」のような取り組み等を用いて、模造紙や工作物として、学習成果物を毎時ではないが定期的に形として残し、校内で掲示や展示を行う。また、他教科の教員や、先輩・後輩からのコメントを付箋で残してもらうなどすることで、学校全体としての学びの共有が行われる。図2は「なぜ江戸幕府は安定していたのか」という問いに対しての解答

を、生徒が折り紙で作成したものである。ここで生徒は自分の考える主要因をピックアップし、相関関係などを立体的に表現していた。

図2　「なぜ江戸幕府は安定していたのか」（生徒作品）

③ ICT機器の活用

　一斉授業形式のような配置の教室であっても、アクティブなEBLはICTを用いて実施することができる。図3は一人一台のPCを用いて、与えられた資料の分析を皆でGoogle docs上で行っている様子である。先のアヘン戦争の授業で取り上げた、乾隆帝とジョージ3世間の書簡などもこのような形で提示し、双方の考える「貿易」についての見解の違いなどについて分析を行った。

図3　Google docs を用いたオンラインディスカッション

　Google docs を使用することで、授業者が20世紀に行っていたような、

ワークシートを印刷、配布し、生徒が書き込んだものを回収、その後、打ち直し、再度印刷し、配布して共有する、という手間を一度に省くことができ、業務の効率化にも繋がる。さらに、ICTを活用することで、海外のIB校のDP歴史を学ぶ生徒とも同じ取り組みを行うことができ、学習の幅が広がる。

7──評価と振り返り

　評価について、以下に『学習指導要領』とも共通した評価の例を掲載する。上述したアヘン戦争について、総括的評価のエッセイの評価として活用できる。

　IBの授業では、授業中に取り組むプリント、課題として与えられるプリント、単元のまとめごとに行う論述、定期考査に全て上記のようなルーブリックが与えられ、細かく評価をつけることになっている。

　振り返りについても、上記のような観点別でコメントを与えることで、学習者へのより丁寧なフィードバックとなる。IBの総括的評価はエッセイで

▼表5　評価の例

評価の観点	評価規準
思考・判断（3点）	歴史的概念に対する明確な理解が見られる。異なる視点に対する評価が行われており、批判的分析を十分に発展させている。
資料活用の技能・表現①（3点）	設問の趣旨に的確に沿って回答が作成されており、設問が意味するところとその要求に対する理解が見られる。回答はよく構成され、バランスよく効果的に整理されている。
資料活用の技能・表現②（3点）	使用した例は適切であり、設問への関連性もあるうえ、分析・評価を裏づけるための根拠として効果的に使われている。議論は明瞭で、一貫性がある。
資料活用の技能・表現③（3点）	ほぼ全ての主要部の議論が、根拠によって裏付けされている。
知識・理解（3点）	設問が扱う内容に対する知識は詳細かつ正確で、設問への関連性がある。歴史上の出来事を歴史的文脈に位置づけて論じている。

出典：IBDP歴史『指導の手引き』、最終試験の評価項目より作成

行われ、最終試験でもその評価はベストフィット（適合）アプローチでなされる。すなわち、採点官は「総合的に見て、4～6点のバンドだろう」のような評価を行い、採点官のフィードバックも「論述が少し叙述的であり、ベストフィットは15点中6点」のように、学習者にとって分かりにくい場合が多い。それよりも、上記のように「異なる視点への評価があるか」「議論への一貫性があるか」などの小さなポイントごとへのフィードバックを与える方がよい。

8——まとめ

　以上、DP歴史の一授業例を述べてきた。ここで繰り返しになるが、21世紀の歴史教育を考える上で、本実践を通して強調されることは以下の3点である。「授業の最大の目的はスキルを身に付けさせること」にあり、そのために「知識を得て増やすのは学習者の責任である」ということ、そして、「指導者は概念的理解を促し、学習者のスキルを高めさせる点に責任がある」ということである。

　手探り状態の中でDPヒストリーを教え始め、本校でも3期生までの結果が出た。上記の原則を徹底することで、最終試験の結果も年々向上しており、著者はこの方向性が正しいものであると確信している。拙稿をお読みくださった方々の参考になることがあれば幸いである。

（青木一真）

【参考文献】
・Arthur, J. & Phillips, R. (eds). (2000). *Issues in History Teaching*. London, UK：Routledge.
・International Baccalaureate. (2015). *History guide First examinations 2017*.
・International Baccalaureate. (2019). *Language A Literature Guide. First examination in 2021*.
・International Baccalaureate. (2019). *Mathematics：applications and interpretation, teacher support material*.
・International Baccalaureate. (2019). *What is an IB education?*
・Gordon, A. (2014). *A Modern History of Japan From Tokugawa Times to the Present Third International Edition*. New York, US. Oxford, UK：Oxford University Press.
・Perkins, D. (2009). *Making Learning Whole How Seven Principles of Teaching can*

Transform Education. San Francisco, USA：Jossey-Bass.
・Rowe, W. (2009). *China's Last Empire The Great Qing.* Cambridge, UK. Massachusetts, US.：Harvard University Press.

【紹介したオンラインサイト】
EBL に関して：
Centre of Excellence of Enquiry-Based learning (2010), The University of Manchester, http://www.ceebl.manchester.ac.uk/ebl/（2020 年 3 月 16 日検索）

edX：https://www.edx.org/
Kahoot：https://kahoot.com/

理科：生物

⑥ 生物の体系と「名付け」の意味
──「概念」をふまえた教科横断的な学びへの展開

▌キーワード▌　教科内容、概念、科学の本質（NOS）、TOK

1──カリキュラムの概要

　本来DPのプログラムは、2年間をかけて行われるが、一条校では3月に年度末がくるため11月のIBの最終試験（5月と11月に実施）を受けざるを得ない。その関係上、高校2年生の4月から高校3年生の11月まで正味1年半で全てのプロセスを終えなければならない。すなわち、DPの2年間より短い期間で、外部評価試験に対応できるだけのシラバスの内容をカバーし終わるように留意しなければならないのである。IBDPの理科（Group 4）科目は、学習指導要領上の「基礎」科目と読み換える事が認められている事もあり（文部科学省、2015）、高校1年次に、『学習指導要領』と共通の内容の部分を意識しつつ、基礎科目の中で、IB型の学びを始めるといった工夫も、可能かもしれない。

　以下に、DPのグループ4「理科」のうち、生物のSL（Standard Level）の2年間の流れの例を紹介する。IBDPでは、ディプロマ資格を取得するために教科ごとに提出すべき課題が多岐にわたる。

　生徒たちは、この期間内に、各教科それぞれの内部評価の一部となる研究活動と論文執筆も終わらせねばならない。多くの生徒が相当の期間、授業中や放課後に、限られた数の実験室や実験機器を有効活用することを要求される。そしてさらに、コア科目における課題論文（EE）やTOKの論文（TOK essay）など、それぞれに重さと厚さのあるレポート課題や発表をこなす必要がある。従って、各教科との連携と、論文の締め切りも含めた様々なイベントとのタイミングを図っていくことが、IBプログラムの円滑な運営と生徒の負担の軽減に役立つ。そのため、他教科の教員とも連絡を取り、課題の

締め切り日の調整などの連絡を密に取ることが必要になってくる。そうした配慮をした上で無理のない年間スケジュールを立てられる様にコーディネーター、教務と調整する必要がある。

▼表1　DP 生物 SL におけるスケジュールの例

月	授業内容	実習レポート	課題締切	試験
	高校 2 年次			
4	【①細胞生物学】 1.1　細胞の概論 1.2　細胞の微細構造 1.3　膜構造	【実習（PSOW：Practical Scheme of Work）】 細胞スケッチ、電子顕微鏡写真を用いた、細胞および組織の微細構造の調査と、顕微鏡視野の拡大率の計算。（実習 1）		
5	【①細胞生物学】 1.4　膜による輸送 1.5　細胞の起源 1.6　細胞分裂	【実習（PSOW）】 低張液や高張液にサンプルを浸すことによって組織の浸透圧を推定する。（実習 2） 細胞分裂像のシミュレーションソフトを使い、分裂指数を計算する。（実習 3）		
6	【②分子生物学】 2.1　分子から代謝まで 2.2　水 2.3　炭水化物と脂質 2.4　タンパク質 2.5　酵素	【実習（PSOW）】 酵素活性に影響を与える要素の実験的調査 （実習 4）		定期考査
7	【②分子生物学】 2.8　細胞呼吸 2.9　光合成	【実習（PSOW）】 薄層クロマトグラフィーで光合成色素を分離する。（実習 5）		

月	授業内容	実習レポート	課題締切	試験
8	夏季休業			
9	【③遺伝学、②分子生物学】 3.1　遺伝子 3.2　染色体 2.6　DNAおよびRNAの構造 2.7　DNA複製、転写、および翻訳			定期考査
10	【③遺伝学】 3.3　減数分裂 3.4　遺伝的形質 3.5　遺伝子組み換えとバイオテクノロジー			
11	【④生態学】 4.1　種、群集、生態系 4.2　エネルギーの流れ 4.3　炭素循環 4.4　気候変動	【実習（PSOW）】 気密シールされた小さな生態系の作成（メソコスム）（実習6）	グループ4 プロジェクト	定期考査
12	【⑤進化と多様性】 5.1　進化の証拠 5.2　自然選択 5.3　生物多様性の分類 5.4　分岐分類学	【実習（PSOW）】 オオシモフリエダシャクのカモフラージュシミュレーション（実習7）		
1	【⑥生理学、オプション科目】 6.1　消化と吸収 D.1　人間栄養学 D.2　消化 D.3　肝臓の機能		【課題論文】 ・第1稿	
2	【⑥生理学、オプション科目】 6.2　血液系 D.4　心臓 6.4　ガス交換	【実習（PSOW）】 運動前後における呼気の記録（実習8）		定期考査

月	授業内容	実習レポート	課題締切	試験
3	【⑥生理学】 6.3 感染症に対する防御		【課題論文】 ・第2稿	
		高校3年次		
4	【⑥生理学】 6.5 神経とシナプス		【内部評価】 ・生物（SL/HL）・物理（SL/HL）第1稿 【課題論文】 ・最終稿	
5	【⑥生理学、総合演習】 6.6 ホルモン、恒常性、生殖		【内部評価】 ・生物・物理（HL）最終稿 ・化学（HL）第1稿	
6	【総合演習】		【内部評価】 ・生物（SL）・物理（SL）最終稿	定期考査
7	【総合演習】		【内部評価】 ・化学（HL）最終稿	
8		夏季休業		
9	【総合演習】			校内模擬試験
10	【総合演習】			
11				IB最終試験

2──授業づくりのポイント

2.1　学習者の概要

　本稿では、高校2年生の約20名を対象とした授業づくりを紹介する。生徒たちは、1年生の時に文部科学省の『学習指導要領』で「生物基礎」を履修済みである。また、以下の授業内容は、生物（SL）コースを履修して、半年ほど経っている生徒を対象にしている（表1の2年次12月ごろに当たる）。

2.2　授業の位置づけ

　IB機構が出しているDP『「生物」指導の手引き』（2014年版）では、学習内容が具体的に指定され、学習するべきトピックが示されている。SLとHLの総授業時間数はそれぞれ150時間と240時間である。SLとHLの共通項目のトピックには選択項目も含め10種類が指定されており、HLには発展項目が5種類追加される。各トピックは更に細かくサブトピックに分かれており、各サブトピックレベルで「学習のポイント」が記述されている。

　本授業では、トピックとして「5 進化と生物多様性」、サブトピックとして「5.3 生物多様性の分類」を取りあげている。そして、このサブトピックにおいては、「種は、国際的に合意されたシステム（筆者注：体系）を用いて命名および分類される」（『「生物」指導の手引き』p.76）と「学習のポイント」が示されている。このポイントを理解し、学際的に議論できるようになるために、以下に述べるように「体系（system）」という概念を使用して、授業と教材をデザインすることにした。この「概念（concepts）」という視点はIBに特徴的であり、耳慣れないので、以下に多少の紙面を割いて「概念」に関する説明をしたい。

2.3　概念との結びつき

　DPでの教育は全人的なものであり、PYP、MYPでの学びとも一貫性のあるものとなっている。「概念」はDPのカリキュラムの前に履修するMYPの科目履修において、特に前面に出てくる考え方である。「概念」に根ざした指導は、MYPにおいて中心的な意味を持っており、極論を言えば、MYPでは教科教育を通じて、「概念」を理解するためにあるプログラムであると

も言える。

　では、そもそも、IB では「概念」とはどの様に定義されているのだろうか？以下に、MYP の『「理科」指導の手引き』（p.21）より、該当箇所の記述（探究による『指導』と「学習」）を引用する。

　　　概念とは「広い考え方（big idea）」であり、これは普遍的原則または観念で、その重要性は特定の起源、対象、または時間を超越するものです。（中略）概念は、事実とトピックを整理し関連づけるなかで、生徒と教師がより複雑に考える必要がある知識の構造において、重要な役割を果たします。

　こうして、生徒は「概念」というより大きな枠で知識をとらえ、知識の整理の仕方を学ぶ。MYP においては、教科全領域で、16 の「重要概念（key concept）」が指定されており（p.10 参照）、理科に関わる重要概念として、「変化」「関係性」「システム」の三つが設定されている。「概念」は、包括的に知識の繋がりを理解するための手がかりになり得る。例えばグループ 6 の「芸術」では「変化」「美しさ（美的感性）」「コミュニケーション」が重要概念として指定されているが、理科とは「変化」の重要概念が共通である。「変化」とは、「ある形態、状態、価値観から別の形態、状態、価値観へと転換あるいは移動することです。原因、過程、結果を理解し評価することも「変化」の概念の探究にあたります」（『MYP：原則から実践へ』p.68）と IB では定義されている。IB の学びでは、「理科」と「芸術」を結びつけて、生徒は「概念」の共通理解を通じて、自然界での変化とは何か、人間が介在する変化とは何か、そして芸術作品を作る意味とは何か、といった思索の「変化」を体験する機会を得るかもしれないのである（小池 2015）。

　一方で、MYP の「理科」の細分化された学習分野には、さらに「関連概念（related concept）」が指定されており、生徒がより理解を掘り下げることを促している。例えば、MYP「理科」における関連概念は、「バランス」「発展」「エネルギー」「環境」「証拠・根拠」「形式」「機能」「相互作用」「モデル」「運動」「パターン」「変換」（『「理科」指導の手引き』p.23）といっ

た具合である。こうして、「全人教育的な理科のプログラムによって、生徒は、探究に基づいた学習環境の中で、さまざまな認知能力、社会的スキル、個人的な動機づけ、概念的知識、問題解決能力を高め、活用することができる」（『「生物」指導の手引き』p.20）ようにデザインされているのである。DPのグループ4「理科」の科目においては、各教科教育に関する内容の規定があるので、そちらに目が取られがちではあるが、こうしたMYPでの概念に拠った指導を基礎に置いた教科指導であることが期待されているのである。

2.4　科学の本質

　グループ4教科の「指導の手引き」各章のコンテンツの説明には全てに「科学の本質」（以下、NOS：Nature of Science）と題したセクションが付いている。外部評価の試験問題1には少なくとも1問、NOSに関する問いが出題される傾向がある（Frequently asked questions, 2016）。NOSには、科学の各科目「生物」「化学」「物理」に共通する各トピックにおいて、科学としての共通性が彷彿とするような場面や状況の例（「科学の本質」のテーマ）が示されている。例えば、「4　科学の人間的な側面」では、次のような具合である。「4.3　科学者は、成果を交換することで協力し合うと同時に、学問領域、研究室、組織、国の中や、それらをつなぐ形で形成される大小の規模の研究グループで日々、協働しています。また、そうした協働は、インターネット上のコミュニケーションによってますます促進されています。以下は、大規模な協働の例です。［筆者注：例は略。マンハッタン計画、ヒトゲノム計画などが挙げられている。］上記の例は、いずれも賛否両論があり、科学者や一般の人々のさまざまな感情を喚起してきました。」（『「生物」指導の手引き』p.13）

　今回、IB「生物」SLの話題にしたトピック「5　進化と生物多様性」においては、PEARSONのテキストでは例として、上記のNOSの4.3に連携するように、動物の学名を決めるための国際動物学会議が紹介されている（Aran Dammon et al, 2014）。この様に、NOSについて考えることで、理科の各科目に共通する「科学」の特質、とはどのようなものかという思索を行う仕掛けが施されている。また、こうした思考上の概念化と実社会の具

体的な事実との行き来は、IB の TOK における考え方にもつながってくる。以下では 5 章 3 節において、どのように TOK を組み入れるかの例について考えてみる。

2.5　「知の理論」（TOK：Theory of knowledge）との連携

　コア科目の一つである TOK は、人類がこれまでどの様に "知識" という概念を取り扱い、またそれを用いてこの世界を理解してきたかという事を考察する IB オリジナルの教科である。IB の各教科においては、この TOK の考え方を随時導入していくことが推奨されている。『「生物」指導の手引き』のトピック「5　進化と生物の多様性」のサブトピック「5.3　生物多様性の分類」の例を挙げると、「二名法が採用されたのは、スウェーデンの植物学者で医師のカール・フォン・リンネ（1707-1778）によるところが大きい。リンネは、人類の 4 つのグループも定義しており、その分類は、身体的形質と社会的形質の両方に基づいていた。21 世紀の基準からすると、リンネの記載は、人種差別と見なされ得る」という背景が説明された上で、「科学的研究の社会的側面が、研究の方法と成果にどのように影響を及ぼすのだろうか。知識の主張の倫理的側面を評価する時に、社会的側面を考慮する必要があるのだろうか。」という知識に関する問いが提示されている（『「生物」指導の手引き』p.76）。生徒は TOK の授業で、文化が入り交じり、学際的な状況で議論をするには、どの様に問いを立てるのか、良い問いの立て方とは何かを学んでくる。

2.6　学問的誠実性（Academic honesty）

　従来、日本の伝統的なカリキュラムにおいて、出典の大切さについてはあまり重点が置かれてこなかったかもしれない。しかし、IB における提出課題は生徒本人が自身で取り組んだものでなければならず、さらには指導教官の関与も厳しく制限されている。生徒は二次情報を使う際には、出典の示し方を国際的に認知されている引用のルールに則って、正確に誤りなく行うことが求められる。また全ての提出課題は、Turn it in 等の特殊なオンラインサービスによって剽窃をチェックしてから本部へ提出する。剽窃が疑われた

場合、その生徒の資格が剥奪される可能性もある（IB資料『学問的誠実性』）。

　資料引用に関する誤謬の他にも、後に述べる内部評価等の探究課題の実施においては、いくつか大事なことを念頭に置いておかねばならない。自分の仮説にこだわる余りデータの改ざんを行ってしまい、他のデータとの整合性がつかなくなったりすると、大きな問題になる。

2.7　指示用語（Command term）の理解

　指示用語とは教科特異的にIBで使用される動詞のリストである（「分析しなさい」「比較しなさい」など。『指導の手引き』に掲載されている）。外部評価試験問題で用いられ、明確な定義があるので、授業中・定期考査等の機会に折に触れて生徒はこうした表現とその正確な意味に慣れておく必要がある。

3──授業の実際
3.1　ユニットプラン

　年度を始めるに当たり、ユニットプランを準備する。特にIBの方では様式の指定はされておらず、教員各自の裁量が大きくとられている。ユニット全体の方向をここで考える。各ユニットに関して、『指導の手引き』にはいくつかの要点が整理されているので、それを踏まえてどのように授業の中に取り入れていくかをデザインする。以下の例は筆者の勤務先で導入している、IBに準拠した教育プラットフォームサービスであるManageBacのユニットプランナーの基本的な項目を参考にしたものである。

▼ユニットプラン

タイトル：5．進化と生物多様性	**レベル**：IB 生物 SL
開始日：12月第1週／終了日：1月第3週	
1．探究の問いと学びの目標	
理解する項目： ・種の二名法は、生物学者の間で普遍的なものであり、一連の会議で合意され、つくりだされてきた物である。 ・種が発見されると二名法を用いて学名を付けられる。	

- 分類学者は分類群の分類体系を用いて種を分類する。
- 全ての生物は三つのドメインに分類される。
- 真核生物を分類する主要な分類群は、界、門、綱、目、科、属、種である。
- 自然分類において、属とそれに付随する高次分類群は、１つの共通祖先から進化した全ての種からなる。
- 分類学者は新たな証拠により、以前の分類群が異なる祖先種進化した種を含んでいることが証明された時には、種のグループを再分類することがある。
- 自然分類は種の同定に役立ち、グループ内の種によって共有される形質の予測を可能にする。

活用スキル：
- 二名法の原則を用いて、複数の種の類縁関係を比較検討できる。
- 動植物界における門の特徴を認識して、未知の個体を分類できる。

探究の問い：
共通の「体系」を用いて"名付ける"という行為にはどの様な意味があるのだろうか？
生命が「体系」として存続し、世代を超えて継承される要素とはなにか？

誤解されやすいポイント：最も競争に強い種だけが生き残るわけではない。

2．リソース

文献データベース（例：JSTOR）、ラップトップPC、プロジェクター、ワークシート。必要に応じて模造紙、付箋、マーカー等。

3．カリキュラム

生物学における重要概念：体系（System）
その他の概念：機能、パターン、相互作用

科学の本質：
科学者グループ間の協力と連携─科学者は多くの異なる現地名では無く、二名法を用いて種を同定する。(4.3)

4．評価

形成評価：ワークシート、調査発表
総括評価：ペーパーテスト
総括評価試験問題：Paper 1（選択問題）、Paper 2、Paper 3（記述問題）

5．体験

既習項目：中学２年で基本的な脊椎動物の骨格構造は既習済み
活動：名付け活動
配慮：
板書と教員の傾聴を同時にすることが困難な生徒がいる場合は、板書（スライド）のハ

ンドアウトを事前に印刷して渡す。もしくは文字おこしソフトウエアを使うと効果がある可能性もある。

6．接続

知の理論（TOK）との接続：
"区別する"ことの意味と共有知についての考察
原子や植物について学ぶのと、それを考えている我々自身について考え、行動することと本質的な違いはあるのだろうか？
What difference does it make if instead of studying atoms or plants we are studying creatures who can think and act?（『「知の理論」（TOK）指導の手引き』2006）

CASとの接続： 特になし

教科間連携： 特になし
タイミングにより「歴史」指定学習項目4．権利と抗議運動、世界史トピック2．戦争の原因と結果、トピック8．独立運動）などとの連携の可能性がある。

学習の方法と学習者像： 探究する人／知識のある人／考える人／コミュニケーションできる人

　今回、授業実践の例として扱うサブトピック「5.3 生物多様性の分類」では、理科の重要概念の「体系（system）」を採用している。そのIBにおける定義は以下のとおりである。

　　　体系とは、相互作用または相互依存する構成要素で成り立っています。体系は、人間環境、自然環境、構築環境における構造と秩序を提供します。体系は、静的または動的、単純または複雑でもあり得ます。
　「理科」における体系とは、その相互依存的または補完的な性質により機能する構成要素を指します。「理科」における共通の体系は、資源が除去されたり置き換えられたりしない閉鎖系、および必要な資源が定期的に更新される開放系です。モデリングでは、しばしば、閉鎖系を用いて、変数を単純化または限定します。

（『「理科」指導の手引き』pp.22-23）

例えば、「生態系」は構成する生物が常に入れ替わりながら、その局所で

の生き物の分布が、ある秩序のもとにパターンとして認識できる「開放系」の一種であるともいえる。上記の「体系（system）」という概念に含まれる「構造と秩序」に注目し、命名における「構造と秩序」とはなにかを分析することで、概念的にサブトピックの「5.3 生物多様性の分類」で扱う教科知識の内容と意義の理解を試みることができる。そのために、探究の問い（Inquiry question：以下、IQ）を設定する。IQには重要概念を埋め込んだ問いを用意する。

　ここでは一例として、「共通の体系を用いて"名付ける"という行為にはどの様な意味があるのだろうか？」という問いを立ててみた。先述のように、このような概念を含む問いの立て方と答え方を、生徒達は「知の理論（TOK）」で習得している。

3.2　授業の流れ

　上記のユニットプランナーに示したこのトピック5では、主にハンドアウトを用いた講義と議論、話題を割り振った調べ学習と発表、問題演習等を行う（表2参照）。その中で、「2.3. 概念との結びつき」に示した概念に関わる議論を随所に挟んでいく。

　以下に、サブトピック「5.3　生物多様性の分類」の授業の内、導入部分

▼表2　トピック5「進化と生物多様性」の授業例（時数：12）

Day（時）	章	タイトル	活動内容	留意点・評価
Day 1 - 3（3）	5.1	進化の証拠	講義（進化、種）、調べ学習・発表、演習	章末に問題演習を行う
Day 4 - 6（3）	5.2	自然選択	講義、調べ学習・発表、演習	章末に問題演習を行う
Day 7 - 9（3）	5.3	生物多様性の分類	講義（種）、調べ学習・発表、演習	章末に問題演習を行う
Day10-12（3）	5.4	分岐分類学	講義、調べ学習・発表、演習	章末に問題演習を行う
予備（2）				

に当たる Day 7 の概要を示す。

　「分類学」はともすれば知識の羅列に陥りがちな単元である。導入において、生徒の内発的な興味と関心を誘うことを目的として、あえて「分類」という「体系」の概念自体に関する疑問を呈し、生徒と議論するところから授業を始めている。こうした授業の難しさであるが、議論をファシリテートする際に、教員の側の準備が少ない場合は、生徒の議論も浅くなりがちである。一方で、いくつか議論の行方を予想して、キーワードや問いを複数用意しつつも、当日の生徒達の議論の盛り上がりを注視して、そちらを優先し、自分の用意した議論の方向へ"誘導しない"自制も必要になる。大事なことは、生徒の内発的な興味の喚起と、議論を深める手助けをすることであり、知的な興奮を感じる瞬間を少しでも増やすことにある。

▼表3　Day 7授業例（50分）

時間(分)	スライド	ハンドアウト	活動内容	指導上の留意点・評価
2 min	1		1．挨拶 2．アジェンダの説明	
1 min	2 - 3	議論 1	・ヨハネ福音書「初めに言ありき」の印象、真意とは？	投げかけのみ
4 min	3		・班内で議論。各自ハンドアウトに記入［個人作業］。	短めに
1 min	4 - 6	議論 2	・同じ生き物のカテゴライズをどのようにしたいか？	
4 min	6		・班内で議論。各自ハンドアウトに記入［個人作業］。	この間に絵を教室の外に貼りに行く。
2 min	7		・イメージ伝言・命名ゲームの説明	絵はなるべく初見の珍しい物。
12min	7	議論 3	1．各班4－5人 2．ドアの外に班員を一人送り、絵を見て来させる。 3．見たメンバーは言葉だけで他の人間に伝える。 　他のメンバーは伝えられた生物の絵を描く［個人作業］。	
3 min	8 - 9		・種明かしと共通の分類法と名前の無い事への印象を議論。	

10min	10-11		・分類方法について講義	
1 min	12-13		・“ロゴス”の意味、境界を設定することについて	
3 min	14	議論４	・班内で議論。各自ハンドアウトに記入［個人作業］。	
2 min			・挨拶・チェックアウト	

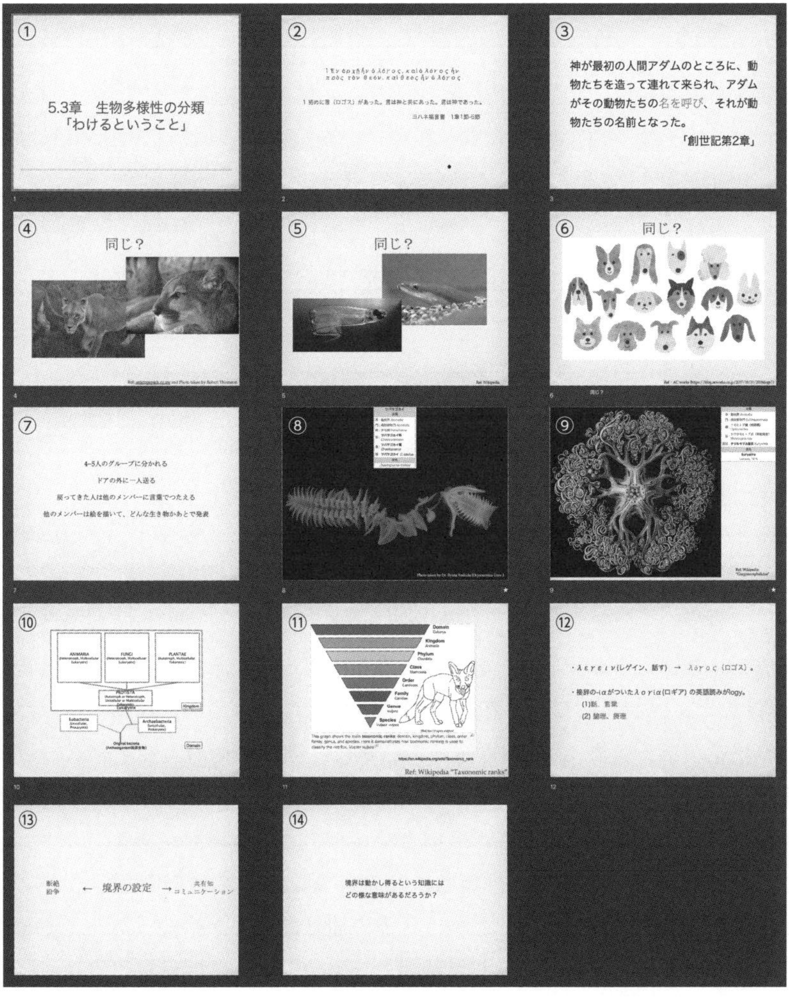

図１　スライド例

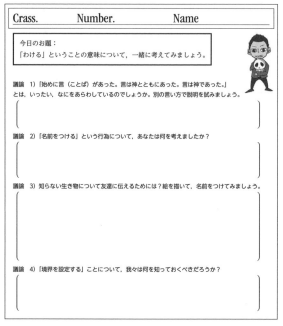

図2　ハンドアウト例

4——授業風景

　表3の授業例のハンドアウトでとりあげた「議論1・3・4」について、想定する議論を紹介する。

議論1

　我々はなぜ物事を分類し、名前を付けるのだろうか？キリスト教の『新約聖書』の「ヨハネによる福音書」1章1節‐5節に、「はじめに言葉があった」との記述がある。また、「創世記」第2章に、神が最初の人間アダムのところに、動物たちを創造したのち連れて来られ、アダムがその動物たちの名を呼ぶことで、それが動物たちの名前となった、という場面がある。

　この名前を付けるという行為は、どのような意味を含むのだろうか？なぜ、聖書は神の"名付ける"という行為を通じて世界が始まった、と書き始める必要があったのか？こうした疑問を初めに提示して、日常何気なく行っている"名前をよぶ"という行為にどの様な意味が込められるのかを生徒と

共に議論してみるのも良い。議論する時間を取る事ができれば、最初から一つだけの解釈を提示することは避けるようにしたい。

　著者の個人的な解釈であるが、一つの見方を提示しておきたいと思う。これまで存在を認知していなかった"モノ"を、名前を与え人間と"相互作用する構成要素"として扱うことで、自分の存在する"体系"の一部として認識することができる。さらにキリスト教では"地上の主"としてヒトをその他の動物に対して優越した位置で扱うので（河野, 2016）、神の代理として名前を付け、自分を頂点とする"構造"の中に組み入れることは、その"モノ"を人間のコントロール下に置くという意思表示といった解釈もできる。

議論3

　はじめて見る生物の姿（写真）を、言葉だけでグループのメンバーに伝える。メンバーは、伝えられた情報をもとにその生物の絵を描き、さらにそれに名前を付ける活動を行う（イメージ伝言・命名ゲーム）。その上で、名付けることや、分類することについて議論を深める。

　図3・4は、実際に授業を行った際の写真である。このときは、ツバサゴカイという生物を題材とした。

図3　イメージ伝言・命名ゲーム。廊下にて観察者のみ閲覧している所。　　図4　イメージ伝言・命名ゲームにおける、生徒の作品例。

議論4

　実際に共通の「体系」を用いて"名付ける"という行為によって、どのような"秩序"が産まれるのか、それにはどのような意味が出てくるのか、という探究の問いについて議論する。

　さまざまな議論が予想されるが、一つの解釈を例示したい。名前を付ける

ことで初めて、あるモノやコトはそれ以外から区別され、同時にそこに境界が産まれることになる。例えば、生物学における“種”とは、一般的には生殖隔離（交配して子孫を残せない）が確認された段階で別種として扱われる（C. ジンマー, 2008）。こうして他人と共通の概念を使えるようになることで、実物が無くとも他人とコミュニケーションが成り立ち、その効率を格段に上げることが出来る。また、新しい種、価値、意味の創造や、創発特性（Emergent property）の発現は、異質なもの同士の境界が無くして産まれることはありえない。

　一方で、あらゆる境界はトラブルの元ともなる。例えば、免疫において、抗体は“自分の体が作る分子以外のモノ＝非自己”を認識することで、外来の病原体を排除するが、正常な自分の体の分子も“非自己”として認識する抗体を作ってしまうと自己免疫疾患という病気も引き起こす（「生物」サブトピック「6.3 感染症に対する防御」）。

　さらに、生徒には適宜、境界をつくることの功罪として以下の様な問題提起が出来る。何を想起するかは生徒に依存するが、TOK の項で先述しているとおり、分類の二名法を考案したリンネは当時人類の中に別種を設定しており、人種隔離政策につながる歴史を彷彿とさせる。またグループ3の「歴史」における戦争の発生も、他者との境界を認識すること自体が直接の原因になっている（例：「歴史」世界史トピック２、中世の戦争の原因と結果、トピック８、独立運動）。また言語 A や B の「文学」で行われる、文学作品のジャンル分けや文化的価値観と文脈の分析における学習体験などを通じた、教科横断的な思考を促しても理解を深めることが出来るであろう。

5——評価と振り返り
5.1　どのような規準で生徒たちを評価するのか
　日本における IBDP 校においては、一条校に導入する場合はその校内評価に加えて、IB による外部評価と内部評価とが共存することになる。

　外部評価試験は、５月と11 月に二回実施される。５月の試験は９月入学を行うインターナショナルスクールに多く、11 月の試験は４月入学を行う一条校に多い。外部評価の答案の採点は、IB 機構により訓練され、認定プ

ロセスを経た試験官により行なわれる。試験官は、当該教科の現職IB教員であることが多く、生徒の所属校の教員は除外された上で、世界中のリストから無記名で割り振られて採点されることで公平性と透明性が担保されている。これが全体の成績の8割を占める。残りの2割となる内部評価に関しては、提出された生徒の論文は所属校の指導教官が採点した後にIB機構に提出するが、同様にIBの試験官により再度採点が行われ、指導教官の評価自体の評価と適正化（moderation）がなされた後に所属校に返される。

5.2　日々の授業の中で、評価をどのように意識しているのか

次に、校内評価について、総括的評価と形成的評価とに分類して考える。主な総括的評価として、筆者の勤務校では各学期の定期試験が存在する。生徒、教員共にIB試験の形式に慣れるため、特に高校3年生の前期の期末試験は、校内模擬試験として全てのプロセスをIB試験の形式に則って行っており、各試験の時間、試験問題の配点比率等も本番の試験を厳密に参照する。成績処理においては7点満点での評定がつくが、こちらもIBの最終試験に関してIB機構が発表し、各校のコーディネーターに配布される各教科の前年度のマークバンドに則り算出する。また、校内模擬試験の時点では、研究論文である各教科の内部評価の最終原稿も出そろっている。こちらの採点もIBの規準に沿って行い、上記の表の通り評定の算出に組み入れる。この評定は"見込み点（predicted grade）"として大学への出願へも使われることになる。校内評価の総括としての要録用の評定については、IBの7点満点を5点満点に換算し、IB以外の教科との整合性を確保している。

形成的評価としての授業においての振り返りは演習、活動におけるフィードバック、言語活動を通じて行われることになる。DPの各教科の過去の試験問題に関しては、採点指示書とともにIB機構から、問題のデータベースも発売されており、専門用語や指示語の概念をつかむために非常に参考になる。また、先述のように、IBの授業に特徴的な指示用語の使い方についても日常の授業を通じたやりとりの中で学んでいく必要がある。

また、IBカリキュラムにおいては探究的な問いかけや、長期的なプロジェクト活動が多いので、授業内外でのやりとりが多く発生する。こうした課外

でのコミュニケーションにはManageBacやMoodle、Edmodo、Google Suite、Office365 Education等の教育用プラットフォームサービスが強力なツールとなる。筆者の勤務校ではManageBacとの契約をしており、また全生徒にGoogle Suiteに紐付いたメールアドレスを配布していることから、ManageBac、GmailやGoogle Classroom等を用いた対話を通じた課内外の形成評価が日常的に行われている。

　注意が必要なのは、内部評価論文や課題論文における形成的評価と、先述の学問的誠実性の確保との切り分けについてである。例えば国際バカロレアにおいては、動物実験に関する倫理や実験室の安全管理などに関して、厳しい規定がある。教員にはそうした点に関する的確なアドバイスを行い、生徒の論文の内容が規定の範囲に収まるようにアドバイスする責任がある。しかし一方で、教員側がIBの規定の説明といった範疇を超えて、研究課題の方向性について、または論文原稿における具体的な編集や推敲に関する指導や助言をしてしまうと、生徒や学校自体の学問的誠実性について負の評価が下されてしまう原因になり得る。例えば内部評価論文に関しては、教師は合計で10時間指導に使って良いとされているが、その範疇においても、「教師は一度、草稿を読み、生徒にアドバイスします。教師はどのようにすれば生徒の取り組みの質を高めることができるかについて、口頭または文章でアドバイスしますが、一方で、草稿を編集したり、推敲したりすることは認められません」（『「生物」指導の手引き』p.158）と記されている。つまり、教師は当該生徒と探究活動への取り組みについて、どうしたら質を高めることができるかを口頭で議論でき、また生徒の論文の第一稿に対して"一度だけ"コメントをつけて返す事が出来るのみであり、総じて生徒には実験の着想、計画から実施と論文の執筆まで、かなりの自立性が求められるのである。教員が行う内部評価の最終コメントにも、そうした視点からの評価が文中の根拠を元になされていると良い。

　IBは、より平和な世界を築くことに貢献するために、生涯にわたって学び続け、多様な文化の理解と尊重の精神を備えた若者を育成するという理念を高らかに謳っている。DPにおける評価項目も多岐にわたり、多様な側面から生徒を導こうという意図が見て取れる。一方で、TOKやNOSで扱う

ような概念の操作、そして倫理や学問的誠実性等への配慮などは、厳密な数値に表しにくい能力や感性である。『指導の手引き』からは、日々の教科授業の中でも深い思索を促し、こうした能力や感性に少しでも触れる機会を増やすことで、学習者を理念に沿った高みに導こうとする意思を感じる。我々もそうした矜持を胸に、教室の中の生涯学習者の一人として、共に時間を過ごす感覚を持ちたいと願う。　　　　　　　　　　　　　　　　（武藤哲司）

【参考文献】

・Aran Dammon et al. 2014. *Biology Higher Level for the IB Diploma*, Pearson Baccalaureate, 2nd Edition
・International Baccalaureate Organization (IBO). 2014. Biology guide. Cardiff, UK. International Baccalaureate Organization (UK) Ltd.
・非営利教育財団　国際バカロレア機構。2014 ディプロマプログラム（DP）「生物」指導の手引き, 2014 年 2 月に発行の英文原本 Biology guide の日本語版
・International Baccalaureate Organization (IBO). 2006. Theory of knowledge guide. Cardiff, UK. International Baccalaureate Organization (UK) Ltd.
・International Baccalaureate Organization (IBO). 2014. MYP Science guide. Cardiff, UK. International Baccalaureate Organization (UK) Ltd.
・International Baccalaureate Organization (IBO). 2016, Group 4 Sciences -Biology, chemistry and physicsFrequently Asked Questions Updated January 2016
・Rhoton, J. 2010. Science Education Leadership: Best Practices for the New Century. Arlington, Virginia, USA. National Science Teachers Association Press.
・Jean-Pierre Wils. 1998. Das Tier in der Theologie. In: Tiere und Menschen. Geschichte und Aktualität eines prekären Verhältnisses, hrsg. von Paul Münch. Paderborn u.a. p407-427.
・河野（訳），1998.「キリスト教神学における動物の位置」. 文明 21 No.37 p81-107
・小池研二 2015. 国際バカロレア中等課程プログラム（IBMYP）の改訂について、美術教育学（美術科教育学会誌），第 36 号，p151-164
・文部科学省 2015. 国際バカロレア認定校における教育課程の特例、平成 27 年文部科学省告示第 127 号
・C. ジンマー 2008. 生物の種とは何か。日経サイエンス 2008 年 9 月号 p.60-p.70
・Robert, Thiemann. (N.D.). Brown lion walking on green grass [デジタル画像]. https://unsplash.com/@mcilvride2000 より取得
・AC works. (2017, October 31). We love dogs [デジタル画像]. https://blog.acworks.co.jp/2017/10/31/2018dogs/ より取得
・吉田, 隆太, (2016, July 17) ツバサゴカイ [デジタル画像] 撮影者より寄贈
・Ernst, 1904 Ophiodea Brittle stars Illustrated Plate 70, [デジタル画像]. https://commons.wikimedia.org/wiki/File:Haeckel_Ophiodea_70.jpg より取得
・Annina, Breen. (2015, May 29). Taxonomic Rank Graph tr. [デジタル画像]. https://en.wikipedia.org/wiki/File:Taxonomic_Rank_Graph_tr.svg より取得

数学：応用と解釈

⑦ グラフ理論における経路問題
—— 日常に役立つ論理的思考力の育成

▌キーワード▐　概念的理解、ATL、モデル化、グラフ理論

1——カリキュラムの概要、本授業の位置づけ

　『DP「数学」指導の手引き』は 2019 年に改訂され、内容構成に大きな変更が加えられた。これまで、「DP Further Math」、「DP Math Higher Level」、「DP Math Standard Level」、「DP Math Studies」という四つの科目名で構成されていたものが、改訂を経て、「DP Applications and Interpretation（応用と解釈）SL/HL」、「DP Analysis and Approaches（解析とアプローチ）SL/HL」という四つの科目に改訂された。本稿で取り上げるグラフ理論の内容は、この四つの科目の中の「応用と解釈」HL でのみ取り扱われている内容であり、旧ガイドにおいては、「微分積分」「群」「確率・統計」「離散数学」という四つの選択数学の内容における選択肢の一つとしての位置付けであった。

　「応用と解釈」コースとは、数学とテクノロジーが果たす役割について注目したコースであり、現実の文脈でそれらがどのような役割を果たすのかを数学的な思考力を働かせながら考察していくという内容であり、関数や確率・統計の内容に重きが置かれているのも一つの特徴である。今回、扱う「離散数学」の内容は、グラフ理論や組み合わせ理論を含むもので、これまで日本の高等学校ではあまり扱いがなく、「数学 A」における「整数」等の扱いに限定されていた。特に、グラフ理論に限定すると日本の数学教育においては、最近では高等学校の「数学活用」に経路問題の取り扱いが見られるのみで、学ぶ機会は限定されている。そもそもグラフ理論は、学問的には 18 世紀に端を発し、20 世紀初期に急速に発展してきた比較的新しい分野であると言えるため、扱いが限定的なのも頷ける。しかし、ナビゲーションシステ

ムや SNS、ウェブ検索サイトのページランクアルゴリズム[1] など、近年の
テクノロジーの急速な発展において、その需要は急速に伸びており、数学に
おいても重要な分野であると言える。本単元においては、グラフ理論の基礎
について学ぶとともに、その身近な活用場面を考察していくことに視点を当
てて授業を計画していく。

2──学習者の概要（DP 1 年生）

　本授業は DP 1 年目の生徒を想定したもので、これまでの中学校、高等学
校段階の様々な学びを通して、探究的な学習の基盤ができている生徒を念頭
に置いている。探究的な学習の基盤ができているとは、自立した学習者
（Independent Learner）になっていることを指しており、探究心に優れ、
自ら課題を見つけ、解決の見通しを立て、既有の知識やスキルを駆使し、学
びに意味を持たせながら学習に取り組むことができる生徒を指している。生
徒は、これまでの DP 数学の学習の中で、「数と代数」、「関数」をトピック
として扱ってきており、本単元のトピック「幾何と三角法」においては、日
本の高等学校における「数学 I・A」程度の幾何や整数論の知識が、事前に
学習すべきトピックとして求められている。本授業で扱うグラフ理論の内容
は、特に前提となる重要な数学の知識を必要としないため、気軽に取り組め
る内容となってはいるが、中学校の課題学習等で、ケーニヒスベルクの橋[2]
などをトピック的に扱ってきていれば、適宜取り上げて話を膨らませてもよ
い。

3──授業づくりのポイント
3.1　本授業のねらい

　中国人郵便配達人問題（Chinese postman problem）[3] を通して、そのア
ルゴリズムを理解し、それらを現実の場面で活用することで、数学を用いて
問題を考察することのよさを知るとともに、知識をスキルとして特定する。
学習する内容とスキルは、次ページの表 1 のようなものを想定している。

▼表1　学習内容と育成するスキル

学習内容（用語を含む）	育成するスキル
・中国人郵便配達人問題のアルゴリズムを知ること。 ・中国人郵便配達人問題における最適経路の重みの和を求めること。 ・奇頂点が四つの場合のアルゴリズムを知ること。 ・NP困難の意味を知ること。 ・中国人郵便配達人問題を適用できる現実の問題を考えること。	協働：新しいアイデアを見つけるために協働で問題に取り組む。 探究的アプローチ（転移）： 現実の文脈における、学習内容の転移可能性について検証し、分析、考察を行う。 自己管理：知識をスケジュール作成手段として活用する。

3.2　概念との結びつき

　中国人郵便配達人問題を含むグラフ理論における経路問題は、現実の問題の中で様々に利用されており、ナビゲーションシステムが代表的な例となる。他に、閉路としての電気回路の電流と電圧を記述するなど、理科とのつながりもあるため、適宜取り入れてもよい。DP数学の中では、概念理解を促すために、12の設定された概念から適宜それらを選択し、使用することになっている[4]。ここでは、「モデル化」を概念として使用し、現実の文脈を数学を用いてモデル化し解決を図ることを重視した。

3.3　IBの授業としての特徴

　日本のこれまでの数学の授業においては、学習内容の限定された条件における処理が重視され、ともすれば単純な知識のインプットとアウトプットの反復になりかねない危うさを秘めていた。一方、IBの授業においては、概念的理解を促すことや知識と同時にスキルを身につけていくことを重視しており、生徒が学んだ知識をどのように現実の場面で活用できるかに重きを置いている。現実の場面において、学んだ知識やスキルを活用することは、新たな学びへのモチベーションにもつながり、学びにおける好循環をもたらす要因となる。授業計画において教員は、学際的及び現実の文脈への知識の転移の可能性を常に意識し、授業を構築することが求められる。本授業においては、中国人郵便配達人問題という高校生にとってはあまり聞き慣れない数

学の理論が現実の場面にどのように利用されているのかを認識し、簡単な場合においてその考えを利用できるようになることをねらっている。授業においては、協働、探究的アプローチ（転移）、自己管理など、様々な学びを円滑に行うためのスキルの育成をねらい、意図的に計画に盛り込んでいる。今回は、中国人郵便配達人問題の課題に取り組む中で、それらが旅行の計画や自らの効率的なスケジュール管理につながるようなスキルとして身につくよう課題を設定している。このように課題に取り組む上で、その進捗に必要なスキルを設定することや、成果物自体がスキルの発展につながるように意図することが重要である。

3.4　ユニットプラン

　本単元は、DP 数学「応用と解釈」HL の Topic 3「幾何と三角法」の中で扱う内容であり、離散数学の内容を一つの単元として見た構成となっている。本単元は、IB ガイドに基づいて下記のように構成している。

	学習内容	時間
AHL 3.14	グラフ理論：グラフ、頂点、辺、隣接している頂点、隣接している辺、頂点の次数	2 h
	単純グラフ、完全グラフ、重みつきグラフ	
	有向グラフ、有向グラフの入次数と出次数部分グラフ、木	
AHL 3.15	隣接行列歩道二つの頂点を結ぶ長さ k の歩道（または長さ k 未満の歩道）の数	2 h
	重みつき隣接表　強連結グラフ、無向グラフ、または有向グラフの遷移行列の構成	
AHL 3.16	無向グラフにおける木および閉路のアルゴリズム　歩道、小道、道、回路、閉路	1 h
	オイラー小道とオイラー回路、ハミルトン道とハミルトン閉路　最小全域木（Minimum Spanning Tree）に関するアルゴリズム：最小全域木を求めるためのアルゴリズムであるクルスカル法とプリム法	3 h
	中国人郵便配達問題およびそれを解くためのアルゴリズムを基に、奇数次数の頂点が高々四つの重みつきグラフにおいて各辺を少なくとも1回通るような閉路のうち最短路を求める **(本時)**	2 h
	巡回セールスマン問題[5] を基に、重みつき完全グラフにおいて重みの和が最小となるハミルトン閉路を求める巡回セールスマン問題の上界値を判定するための最近傍法　巡回セールスマン問題の下界値を判定するための頂点除去法	2 h

4——授業の流れ

　筆者の勤務する学校においては、100分連続で授業を実施しているため、本授業においても、100分の授業時間で計画していることを先にお断りしておく。

時間	学習内容	スキル・概念理解
10	1.中国人郵便配達人問題について知る。 　中国人郵便配達人問題は、出発点からすべての辺を少なくとも1回は通って、最短経路を探すという問題である。	数学史：中国人郵便配達人問題は、中国の数学者、管梅　谷(Mei Ko Kuan)が1962年に初めて提出した。
10	2.中国人郵便配達人問題を解くアルゴリズムを知る。	
15	3.グラフが奇頂点を四つもつときには、中国人郵便配達人問題はどのように解けばよいか。	ATL：協働 推論：正確な命題、論理的な演繹と推論、および数式の操作を用いて、数学的な議論を構築する。
15	4.握手補題[6] により、グラフ上の奇頂点の数は偶数個になるが、特に四つの場合に中国人郵便配達人問題は、どのようなアルゴリズムを用いて解けばよいか。	
30	5.現実の問題を知る。 　最短の買い物経路を探す。与えられた隣接表を利用して、中国人郵便配達人問題を考察することで買い物にかかる最短経路を見つける。	探究的アプローチ：抽象的な文脈と現実の文脈の両方における未知の状況を調査し、情報の整理と分析を行い、推測し、結論を導き、その妥当性を検証する。現実の問題と結び付けることで、概念的理解を促す。
20	6.中国人郵便配達人問題を日常の問題に置き換えられないかを考え、問題を作成し、アルゴリズムを用いて解く。	

5——授業風景

このテーマに関する教師と生徒のやり取りの一部を以下に示す（以下、Tは、教師［Teacher］、Sは、生徒［Student］を示す）。

T：前回、グラフ理論のオイラー閉路やハミルトン閉路について学んだけど、簡単に言うと一筆書きにもいろいろな種類があって、アルゴリズムを用いることで、うまく経路を見つけることができたよね。ちなみにどんなアルゴリズムがあったか覚えてる？

S1：クルスカル法やプリム法、ダイクストラ法もありました。

T：そうだね。実は、他にもアルゴリズムは存在するんだけれども、代表的なものについて学んだね。今日は、グラフ理論の最短経路問題の中国人郵便配達人問題（Chinese Postman Problem）に挑戦してみるよ。中国人郵便配達人問題とは、重み付きグラフにおいて、始点からすべての辺を少なくとも1回は通って、始点に戻ってくる最も距離の短い経路を探すという問題のことで、中国の数学者、管梅谷が1962年に初めて発表したといわれているよ。試しにこんなグラフ（図1）に挑戦してみよう。頂点Aから出発し、すべての辺を通って、頂点Aに戻ってくる最短経路を見つけよう。

S2：先生、始点が奇頂点じゃないから、周遊可能なグラフは存在しないと思います。

T：いいところに気づいたね。この問題は、同じ辺を複数回通ってもいいんだよ。この条件で考えるとどう？

S1：何度か試したけど、私は、AHIDCBIFGHIFEDIBAの経路が最短で48の重みだと思うわ。

S3：僕も重みの合計は48になりました。でも、経路はS1さんと違うな。

S2：どの辺を複数回通るのかがわかればいいんじゃないかな？

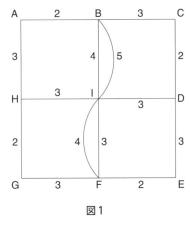

図1

T：いいところに目を付けたね。ちなみにみんながそれぞれ見つけた経路で複数回通っている辺に共通点はある？

S1：どれどれ、あっ！　みんな辺HIとIDを2回通っているぞ。

S3：これらの辺は、どちらも奇頂点を含んでいるよ。そうか！　奇頂点どうしを結んだ経路を2回通ればいいのか！

T：よく気付いたね。いつも言っているけど、協働しながらアイデアを出すことで新たな発見につながることは多い。こういう経験を大切にしていこうね。アルゴリズムを紹介するので、問題にチャレンジしてみよう。

- 奇頂点を二つ探す。
- ダイクストラ法を用いて、これら二つの奇頂点の最短経路を探す。
- 見つけた最短経路は2回通り、それ以外の辺は1回通る。
- オイラーグラフの最短距離は、すべての辺の距離の合計と二つの奇頂点の最短距離の和になる。

【**問題**】始点と終点をCとする最適な中国人郵便配達人経路を求めなさい。

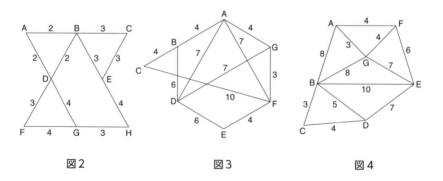

図2　　　　　　図3　　　　　　図4

S：（問題に取り組む）

S2：1問目、2問目はアルゴリズムを用いて簡単に解けるね。

S3：あれっ？　三つ目の問題って解ける？

S1：この問題って奇頂点が四つあるからどうすればいいんだろう？

T：これは「最小重みマッチングの問題」と言って、奇頂点が四つ以上のときには考慮しなければならない問題なんだ。奇頂点が四つのとき、中国人郵便配達人問題を解くためのアルゴリズムは次のようになるよ。

- 奇頂点を四つ探す。
- 四つの組み合わせのうちペアを2組作り、それらの頂点の最短経路和が最小になる組み合わせを探す。
- 見つけた最短経路は2回通り、それ以外の辺は1回通る。
- オイラーグラフの最短距離は、すべての辺の距離の合計と組み合わせた奇頂点の最短距離の和になる。

S2：確かにこの通りにやればできるぞ。

S3：でも、奇頂点の数がもっと増えたら探すのは大変そうだね。

T：その通り、実際の問題解決の中では、頂点の数はかなり多くなり、そうなると人間の手には負えなくなる。そのときは、アルゴリズムに基づいて、コンピュータが代わりに最適な経路を探してくれるよ。しかし、コンピュータが計算するとはいえ、頂点の数によっては膨大な時間がかかるのは間違いがない。このようにコンピュータが問題をある時間内で解決できるのかどうかを考察する必要も出てくる。このような問題は問題の難しさを検討する問題として、P、NP、NP完全、NP困難を検討する問題と呼ばれているよ。

S1：ふーん。そこまで考えると難しそうだけど、コンピュータがどのくらいで最短経路を見つけられるのかは、ナビゲーションシステムなどへの利用を考えたら重要な問題ですね。

T：その通りだよ。さて、今度は、現実の問題に中国人郵便配達人問題を適用してみよう。次の問題を考えてみるよ。

あなたは、母親から買い物を頼まれました。薬局、スーパーマーケット、郵便局、コンビニエンスストア、書店で買い物を済ませて自宅に帰ってくるには、どのような経路を辿れば最も効率がよいでしょうか。最適な経路を求めなさい。なお各店舗間の移動にかかる時間（分）や経路は、下記の隣接表で表されています。（隣接行列を用いるのが一般的だが、IBの教科書に沿って隣接表を利用する）

	A	B	C	D	E	F
A		7	6			
B	7		2	4	14	
C	6	2		7	1	5
D		4	7		2	1
E		14	1	2		3
F			5	1	3	

A：自宅
B：薬局
C：スーパーマーケット
D：郵便局
E：コンビニエンスストア
F：書店

S1：この問題は隣接表をもとにグラフをかけばいいのね。

S：（グラフを作成する）

S2：グラフ（図5）ができたぞ！

S3：このグラフを中国人郵便配達人問題のアルゴリズムを適用して、奇頂点が二つしかないから易しいね。

S2：奇頂点がCとFだから、CFの最短経路を見つければいいんだね。一見5に見えるけど、よく見るとEを経由した経路が、重み4となり最短だ。つまり、CEとEFを2回通るオイラーグラフを見つければいいんだね。

S1：私やってみる。Aからスタートして、ACE…FCBE…DCEFDB

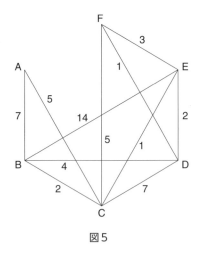

図5

　A。できた！

S3：移動にかかる時間の合計は、辺のすべての和と2つの奇頂点の最短経路の合計で表されるから、56分だね。

S2：こんな風に考えると、中国人郵便配達人問題はいろいろな場面に応用できそうだね。

S1：うん。例えば、旅行に行ったときにいくつかの観光名所をなるべく早い時間で回るような問題に応用できそうだね。

T：時間だけかな？

S3：そうか！さっきの問題では、辺の重みが移動時間を表していたけど、他の量を表してもいいわけでしょう？例えば、辺の重みを交通料金に置き換えれば、最安値で回るルートも見つけられそうだね。

T：現実の場面においては、この中国人郵便配達人問題はさらに条件が増える可能性がある。買い物の問題で言えば、例えばスーパーマーケットでアイスクリームを買う場面等を想定すると、スーパーマーケットに寄った後は、すぐに自宅に戻りたいよね。その場合には、有向グラフや有限オートマトンという考え方が必要になってきて、グラフが一方通行になったり、入力の条件によって、通行の可否が変化したりするという考えが必要になってくるよ。しかも、有向グラフを含む混合グラフの中国人郵便配達人問題は、NP困難とされていて、多項式時間アルゴリズムは見つかっていない（コンピュータでも解決が難しいとされている）。まだまだ、この問題は追究できそうだね。

S2：使い方によっては、スケジュールを立てる上で強力なツールになりそうですね。ATL（学習の方法）で言えば、自己管理スキルの一つと言えるかな。

T：その通り。さあ、それじゃあ最後に、みんなに一つ課題を出します。中国人郵便配達人問題の考え方を使って、どのような現実の問題が解決できるか考え、簡単なグラフを作成して自分の考えを表してください。残りの授業時間内でアイデアを出して、次の授業までに発表できるようにまとめてきてください。

S：はーい。大変そうだけど、頑張ります！

　このようにして、生徒は学んだ内容を現実の文脈と結び付けながら、概念的な理解を獲得していく。次回の授業において、概念的理解に基づくアイデアの発表をもとに、形成的に概念的理解や組織スキルがはぐくまれているかどうかを見取り、フィードバックを与えていく。

6——まとめ

　IB の学びにおいては、概念的理解の獲得を重視しているが、これは学んだ内容をある限定的な文脈の中だけではたらく知識に留めず、実社会の具体的な文脈につなげたり、他の学問領域の知識へとつなげたりすることを可能にするためである。このように柔軟性をもった知識を獲得していくことは、学習にさらなる深みや広がりを与えることにつながる。概念的理解をわかりやすく説明するために、私は概念的理解を、「例え話をする力」と置き換えて説明している。概念的理解に到達してる熟達した学習者は、その知識を説明する際に、様々な実社会の状況や他の学問領域の具体例と結びつけて、容易にその内容を例え話としてわかりやすく伝えることができるためである。

　また、概念的理解は抽象的な学習内容を理解する際や新たなアイデアを生み出す際にも大いに役立つ。概念的理解に至った学習者は、一見関連のないように見える物事をつなげることに長けているためである。IB の提唱する社会的構成主義に基づく学びにおいては、知識は絶えず変化し続けるものと捉えられており、今後、生徒が直面する社会的な課題も同様に絶えず変化をし続けるものになるであろう。このような社会をよりよく生きていくために、概念的理解や学びを円滑に進めるスキルを生徒が獲得していくことは、学校現場における喫緊の課題であり、生徒の将来のよりよい生き方や IB が目指す恒久の平和に寄与する人間を育むことにつながると信じている。

（大西　洋）

【注】
1　ウェブページの重要度を決定するアルゴリズムのこと。Google などの検索サイトにおいては、このアルゴリズムに基づいて検索結果が表示される。
2　東プロイセン（現ロシア連邦）の中心都市。この都市にかかった七つの橋を1度ずつ通って元の場所に戻ってこられるかという一筆書きの問題で有名である。レオンハルトオイラーがこの問題を解いたというエピソードがある。

3 グラフのすべての道を少なくとも1回は通って、始点に戻ってくる経路のうち最短経路を探す問題の総称。

4 以下のような概念が設定されている。

▼ DP 数学 12 の概念

近似	近接しているけれども正確な一致ではない数量や表現。
変化	大きさ、数量、動作などの変動。
同値性	同一である、または交換可能である状態。命題、数量、数式などに使われる。
一般化	特定の例を基に引き出された一般的な命題。
モデル化	現実の世界を表現する目的で数学を使用する方法。
パターン	数学的体系の要素に見られる基本的な秩序、規則性、予測可能性。
数量	量や数値。
関係性	数量、特性、概念の間のつながり。これらのつながりは、モデル、規則、命題などとして表現される。関係性は、周囲の世界に存在するパターンを探究する機会をもたらす。
表現	言葉、数式、図、表、チャート、グラフ、モデルなどを使用して、数学的な情報を表現すること。
空間	ある存在を記述する幾何学的な次元の枠組み。
体系	相互に関係する要素の集団。
妥当性	確実に根拠のある論理的な数学を使用して、正しくかつ正確な結論、または合理的な結果の解釈へと至ること。

5 グラフのすべての点を1回ずつ通って、始点に戻ってくる経路のうち最短経路を探す問題の総称。

6 辺の両端には点が一つずつあるので、グラフのすべての点の次数の和は、辺の総数の2倍に等しいという補題。

【謝辞】

本稿を執筆するに当たって多くのアイデアを提供していただいた同僚のトーマス・ベルショー先生に多大なる感謝を申し上げます。

【参考文献】

・Paul Fannon, Vesna Kadelburg, Ben Wooley and Stephen Ward. (2013) *Mathematics Higher Level Topic10-Option:Discrete Mathematics for the IB Diploma.* CAMBRIDGE UNIVERSITY PRESS,pp.112-114.

・International Baccalaureate Organization. (2019) *Diploma Programme Mathematics: application and interpretation guide.* pp.48-50.

・Robin J. Wilson. (1996) *Introduction to Graph Theory Fourth edition.* Addison Wesley Longman Limited, p.40.

芸術：美術

⑧ 思考の視覚化と形式的要素
―― 美術表現の分析と構築

┃キーワード┃　美術のコミュニケーション、プロセスポートフォリオ
　　　　　　　作品制作の実践、共通シラバス項目領域、形式的要素

1――カリキュラムの概要

1.1　概要

　約2年間をかけてDP「美術」を学ぶためには、ねらいに向かって、学習内容としての評価目標や**共通シラバス項目領域**[1]を実践することを包括的に理解することが必要である[2]。

　外部評価と内部評価の区別はあるが、「美術」と他の科目との一番の違いは、筆記試験が無いこと、つまりは成果物のIB提出によってスコアが決まることである。また、DPのカリキュラムでは、6領域から1科目ずつを選ぶことになっているが、「芸術」から1科目を選ぶ代わりに、他の領域から2科目を選択することも可能である。

　カリキュラム作成の軸となる評価課題は、「比較研究」と「プロセスポートフォリオ」、そして「展示」の三つである。4月始まりの日本の高等学校では、この三つの評価課題（後述）に即した成果物を、高校3年次の10月に提出する。「美術」を担当する教員は、そこから逆算して各学期に何を扱うかを考え、優先順位を決めている。高校2年生が始まったばかりの早い段階では、共通シラバス項目領域の「美術のコミュニケーション」「文脈に沿った美術」「美術の方法」の実践を評価課題に添わせながら学習を組み立てる。共通シラバス項目領域と評価課題の関係性をまとめたものが以下の図1である。共通シラバス項目領域は、縦軸の理論的実践、作品制作の実践、そしてキュレーションの実践という層に分けられる。この共通シラバス項目領域と各実践の関係は、包括的なカリキュラムの形である。理論的実践を通じて比較研究に、作品の実践を通じてプロセスポートフォリオ、そしてキュレーショ

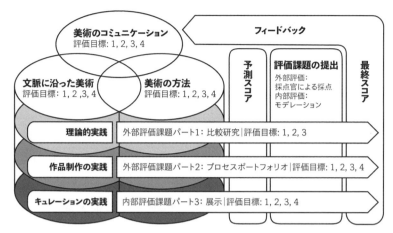

図1 評価目標と共通シラバス項目領域の実践および評価課題の関係（筆者、作成）

ンの実践を通じて展示となって成果物が完成する。

1.2 事前の準備とスケジュール

　筆者は、DP「美術」を履修するにあたり、生徒に美術史の概略を学習することを勧めている。事前の準備期間があれば是非実践してほしい。もちろん、美術の歴史を暗記するというわけではない。入門時では大学のような専門的な内容には至らないまでも、主だった芸術運動、例えばルネサンスやダダイズムについて目を向けると、美術におけるパラダイムシフト（ものの見方や捉え方の転換）について議論できる。その後、これらの大きな出来事の間を埋めるように年表を作成することで、美術体系における文化的文脈の違いに気づく。DP 美術における文化的文脈とは、「文化に影響を与え、また文化から影響を受けるような状況」を意味しており、「歴史的、地理的、政治的、社会的、および技術的要因」が〈状況〉と関係している（『「美術」指導の手引き』p.26）。

　また、形式的特性（形と形式、空間、色調、色、線、質感などの要素、バランス、リズム、均衡、協調パターン、多様性などの法則 [『「美術」指導の手引き』p.48]）は、美術作品の分析や、美術表現の根拠として明確な用い方がされているものであるので、あわせて押さえさせたい。本校では高校

1年次のDP準備期間（3か月）で美術史のワークを行っている。

　以下に、準備期間後、3年次10月の課題提出までの、約1年半のスケジュール例をまとめたので参考にしていただきたい。

▼表1　高校2年からのスケジュール（例）

月	外部評価課題		内部評価課題
	比較研究	プロセスポートフォリオ	展示
高校2年次			
4	イントロダクション（概要）/形式的要素/学問的誠実性		
4		ブレーンストーミング、プランニング、リサーチ	
5		アイデアスケッチ（本時）、制作の記録、リフレクション	作品提出（プロセスポートフォリオと関連）
6	キュレーション		
6	テーマ（概念的）		
7	文化的文脈の違い		作家の影響について
8	美術館レポート		作品①提出
9		アイデアと制作意図の伝達	
10	SL・HL提出①　形式的要素、機能と目的、文化的意義	技能・技術および制作過程	作品②提出
11	SL・HL提出②（形式的要素、機能と目的、文化的意義）	見直し、改良、振り返り	
12	SL・HL提出③　形式的要素、機能と目的、文化的意義	批判的研究　発表と教科特有の専門用語	SL作品③提出 HL作品③④提出

1	SL・HL 提出④　比較と関連、科目特有の表現	美術館レポート	
2	提出⑤（第一次）		HL 作品⑤提出
3	HL 提出④　自身の作品との関連づけ		SL 作品④提出 HL 作品⑥提出
	高校 3 年次		
4	プランニング		
			HL 作品⑦提出
5			SL 作品⑤提出 HL 作品⑧提出
6		提出（第一次）	HL 作品⑨提出
7			SL 作品⑥提出 HL 作品⑩提出
8	提出（最終）	提出（第二次）	
9		提出（最終）	SL 作品⑦提出 提出（最終）
10	外部評価の提出（IB）		内部評価の提出
	振り返り（全体）		

※必要時間数（推奨）HL：240 時間　SL：150 時間

2──評価課題について

　冒頭でも述べたように、評価課題は、「比較研究」「プロセスポートフォリオ」、そして「展示」の三つである。ここでは、これらの評価課題が、どのようなものか、実際の生徒作品例なども交えながら紹介する。

　なお、評価課題の評価規準を示した表 2 ～ 4 は、『「美術」指導の手引き』（2017）をもとに、文言を引用・整理・要約し、筆者が作成したものである。

2.1　外部評価パート 1 ：比較研究

　「比較研究」で生徒は、芸術家による芸術作品を分析、比較を行う。SL の

生徒で 10-15 枚のスライドを提出する必要がある。エッセイ等の形式では
ないため、ベン図等を用い視覚化することが重要となる。他の評価課題につ
いては、生徒の提出物の例を後で示すが、「比較研究」では、成果物に載せ
ている芸術家や芸術作品の権利が煩雑であるため、残念ながら本稿には掲載
できない。

▼表2　パート1「比較研究」の規準と提出内容（筆者作成）

外部評価課題 パート1 比較研究 20%		SL 画像ファイル 10-15 枚、HL 画像ファイル 10-15 枚と追加の画像ファイル 3‐5 枚（自分の作品と実践が、考察した芸術および芸術家から受けた影響について）、資料リスト：1 スクリーン以上（別データ）少なくとも 3 作品・2 つは異なる芸術家・大きく異なる文脈（地域、国家、国家間、または異文化間、あるいはその両方）		
A	形式的特性の特定および分析	選択した芸術品、オブジェおよび人工品：	を形式的特性を知識的裏付けをもって特定し分析できているか	評点 6
B	機能と目的の分析および理解		の制作された文化的文脈における機能と目的について、知識的裏付けをもって分析、理解されているか。	6
C	文化的な意義の分析および評価		の制作された特定の文化的な意義に関する知識的裏付けに基づいた特定及び分析がされているか。（たとえば、作品が作られた時代の観衆とその制作の目的、また現代の観衆という観点から見たその作品の文化的、社会政治学的、歴史的な意義）	6
D	比較と関連づけ		の間に見られる関連性、類似点及び相違点についての、効果的で批判的な分析及び議論を展開しているか。	6
E	発表と科目特有の表現	適切な科目特有の表現を援用し、視覚的にも適切かつ読みやすい方法で、明確で一貫性のある表現を行うよう努めているか。		6
F	自身の作品制作の実践への関づけ（HL のみ）	選択した1つ以上の作品と自分の作品の制作過程と実践の間に見られる関連性を特定した上で、比較研究の結果と、この研究が生徒自身の芸術家としての成長にどのように影響したかを分析し評価しているか。		12

2.2　外部評価パート2：プロセスポートフォリオ

　生徒たちは、2年間の授業のなかで様々な美術活動を行うが、自身の作品制作の意図や改善点、取り入れた手法、影響を受けた作家や作品、修正や改善の証拠となる資料等をポートフォリオとして提出しなければならない。

　SL（標準レベル）では9から18枚のスライドと規定されている。以下の生徒は13枚のスライドで制作のプロセスを説明している。表3に示す評価規準を満たすようになっていて、例えば、左上のスライドはブレーンストーミングであり、これは「生徒の最初のアイデア」と紐付くため主に観点Cと関係している。また、右中に大きくレイアウトされたスライドは自分で撮影した写真の検討で、「制作過程の持続的な実験および修正をし、自身の意図にふさわしい素材を選んで活用」していることを主に示すことから観点Aと関係している。

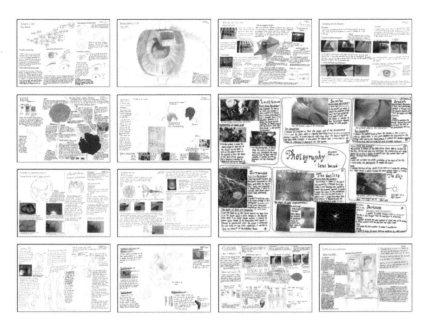

図2　プロセスポートフォリオの成果物の例（生徒作品：SL）

また、生徒たちは自らの学習したことや作品の制作過程などを日常的に「美術ジャーナル」として記録しておくことが課せられている。この「美術ジャーナル」を下地とし、プロセスポートフォリオをまとめていくのである。なお、完成作品の写真はプロセスポートフォリオに掲載する必要がない。

▼表3　プロセスポートフォリオの評価規準と提出内容（筆者作成）

外部評価課題 パート2 プロセスポートフォリオ 40%			SL 画像ファイル 9-18 枚（少なくとも2つの列の作品形式）、HL 画像ファイル 13-25 枚（少なくとも2つの列から3つの作品形式）内容はアイデアスケッチ、ブレーンストーミング、写真や文章など、制作技法の持続的な探求、素材、技術、および技法の実験、探究、修正、および改善の方法とその応用など	
A	技能、技法、及び制作過程		生徒は一連の技能、技法、および制作過程の持続的な実験および修正をし、自身の意図にふさわしい素材を選んで活用できることを示しているか。	評点 12
B	批判的研究		生徒は芸術家、芸術作品および芸術ジャンルの批判的研究を行い、これにより自身が進める作品制作の実践や制作意図が受ける影響について生徒の理解が深まっていることを伝えているか。	6
C	アイデアと制作意図の伝達	視覚形式および記述形式の両方で	生徒の最初のアイデアと制作意図がどのように形成され、展開されたかを明確に説明できているか。また、作品をさらに発展させるために技術的技能、選んだ表現手段やアイデアをどのように取り込んだかについて、明確に説明できているか。	6
D	吟味、改良、及び振り返り		選択したアイデア、技能、制作過程、および技法の吟味、改良を行う生徒の能力。芸術家としての技能習得とその発展について振り返りができているか。	6
E	発表と科目特有の専門用語		一貫して適切な科目特有の表現を援用し、視覚的に適切かつ読みやすい方法で、明確かつ理路整然と情報を伝えるよう努めているか。	4

2.3　内部評価パート3：展示

　生徒作品（SL）の紹介をする。一連の平面作品を「組み作品」として提出することも可能であり、SL（標準レベル）では4から7作品と規定されている。以下の生徒作品は、5作品として提出している。キュレーターステートメントといった展示の趣旨文では、「自身の制作意図を実現するため、素材やアイデア、実践を活用することについての理解」（『「美術」の手引き』p.65）についての関連性が、規定数の作品の選択した時の意思決定（キュレーション）を明らかにする。また、各作品にはキャプション（最初の制作意図、タイトル、素材、サイズ、作品に影響を与えたあらゆる資料の出典）をつける必要がある。

　卒業制作展などで1点から2点の力作を展示する機会は、高校生にも一般的に開かれている機会だが、一連のキュレーションによって、多数の作品を展示する活動、いわゆる個展を開くような作品展が世界共通で必須であるのが特徴的である。

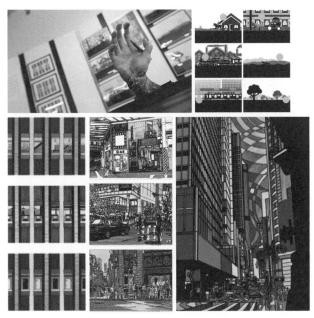

図3. 展示の成果物例（生徒作品：SL）

▼表 4　展示の規準と提出内容（筆者作成）

内部評価課題 パート 3 展示 40%		SL：4 − 7 作品＊要撮影，キュレーターステートメント 最大日本語 800 字、アルファベット 400 語 HL：8 − 11 作品 キュレーターステートメント 最大日本語 1400 字、アルファベット 700 語 キャプション（共通）：最大日本語 200 字、アルファベット 500 字、作品タイトル、表現技法、サイズ、制作意図 展示の写真 2 枚（共通）	
A	一貫性のある 一連の作品	一貫性のある一連の作品が表明された制作意図を実現しており、またそれぞれの作品間にテーマの関連性や様式の関連性が明確に見てとれるか。	評点 9
B	技法の習熟	表現手段と素材が効果的に適用され修正されているか。	9
		形式的特性が効果的に適用され修正されているか。	
C	作品概念の質	表明された制作意図に沿って芸術作品の機能、意味、および目的を実現するために、イメージや記号、象徴が効果的に決められているか。	9
D	キュレーション の実践	SL　指定された空間における一連の作品の選び方、配置の仕方、また展示の仕方	
		HL　指定された空間における一連の作品の選び方、配置の仕方、また展示の仕方を正当化出来ているか。	3
		展示からどのように作品と受け手の関係性が理解できるかについての振り返りをしているか。	

3──授業づくりのポイント

　ここでは、ワークショップ形式でアイデアスケッチの多様性を再認識する授業を紹介する。DP 1 年目（高校 2 年生）の初期に行った実践である（p.140 表 1 参照）。

3.1　学習者の概要

　DP「美術」は、グループ 6 の「芸術」の科目の一つであり、大学で美術を選択する、または美術と関係した学習を求めようとする生徒が履修の対象である。前者は、絵画や彫刻、デザイン、ファッション、工芸、建築、土木、

インスタレーションなどについて大学で学びたいと考えている生徒たちである。後者は、2通りが想定される。一つのタイプは、企画や広報、編集などの方面でアイデアを形にする仕事に携わろうと考える生徒、もう一つは経済活動とは別にライフスタイルとしてのアートを楽しもうとする生徒である。

3.2　本授業のねらい

　本授業では、「形式的要素別にアイデアスケッチを使い分けることで、思考を視覚化し、『アイデアと制作意図の伝達』をする」ということをねらいとしている。アイデアと制作意図を視覚的に伝えることは、美術で表現することの基礎的で汎用的なスキルであると同時に、美術表現を分析するための知識を体得する機会でもある。

　共通シラバス項目領域では主として「美術の方法」の作品制作の実践となるが、学習の成果は「文脈に沿った美術」と関係している。これらに関係する評価目標は、4の「適切な技能や技法の選択、活用、および応用」となり、その中の項目 a「作品制作において異なる表現手段、素材、及び技法を用いて実験する」が該当する。そして、3の「総合し分析、判断する力」の項目 b「自身の制作意図で、どのように意味が受け手に伝えられるかを考慮した作品の計画立案、進行と制作について説明する」ことに役立てたい。

3.3　「概念」との結びつき：コミュニケーションとスタイル

　MYP をベースに「概念」学習の機会をつくることもある。MYP の 16 の「重要概念」から「コミュニケーション」、芸術の「関連概念」から「スタイル」、「オーディエンス」を取り上げることができる。アイデアスケッチは美術の表現と鑑賞の両面において、最も汎用的なコミュニケーションツールである。輪郭を強調したいときは「線」、立体的な形や量感を強調したいときは「形」や「陰影」、印象を強調したいときは「色」というように、生徒が状況に応じた表現をできることをめざしている。

3.4　授業の流れ（2時間扱い）

時	活動内容	指導のポイント・評価
第1時	1．形式的要素の表を配布、違いを知る。 2．それぞれの特性「色、質感、形、線」の四つに分かれてアイデアスケッチをする。 3．各アイデアスケッチを集めて比較する。靴のアイデアと制作意図を視覚化する「多様なアプローチ」について理解する。 4．自己評価をする。	2．今回は「靴」を題材とした。 4．プロセスポートフォリオの規準 C「アイデアと制作意図の伝達」を用いる。
第2時	1．「形」に特化したアイデアスケッチを練習する。 2．3 D の作品制作形式を捉える（グループワーク） 3．わからない形式について調べる（リサーチ、シェア）	・既習であれば、生徒がやってみたいスケッチ方法も試してよい。

4──授業風景

第1時：アイデアスケッチのいろいろ

　作品の構成が複雑になるほど、それを単純化するためにも、視覚表現による草稿が必要となる。アイデアスケッチといえば、基本は鉛筆等によるスケッチ、突き詰めればデッサンであるだろう。しかし、それ以外にも、抽象的な色の組み合わせ又は素材感など、「最初のアイデア」を視覚化する方法には幅広さがある。そのことを生徒たちが体感し議論することが、美術に取り組む基本的な態度を育むことに繋がる。

　本時においては、美術表現における「形式的要素」をまとめた表（表5参照）を生徒に配布し、さまざまな要素の違いを知るところから始める。

　次に、上記の要素のうち「形、線、色彩、質感」の四つの要素に分かれて、実際にアイデアスケッチに取り組む。本授業では、「靴」を題材として取りあげている。

　アイデアスケッチができたら、それらを集めてグループで比較する。アイデアと制作意図を視覚化する「多様なアプローチ」があること、また形式的

▼表5　形式的要素（Formal elements）

構成	２Ｄでは、要素の構造やアレンジメント、３Ｄのアートワークでは、それぞれの形や周りの空間との関係性のこと。
光	トーン（色合い、色調）、明度。
形	形（Form）とは３Ｄの面的な表現をいう。２Ｄの中にリアリスティックに存在。彫刻は形と空間の関係によって成り立つ。
線	線は形のエッジで個体と空間の接点、明暗差の境界にも存在、輪郭。
空間と奥行き	空間はその物がある３Ｄの広がりで、２Ｄの中にも空間をつくることができる。奥行きはイメージとの遠近感。
色彩	色は色相や彩度、明るさの視覚的要素。
質感	表面の感覚。違う素材で、それらしい素材を表現することがある。

出典：DP生徒向け書籍 "OXFORD IB DIPLOMA PROGRAME VISUAL ARTS CAUESE COMPANION" を参考に筆者が意訳した。

要素によって伝わり方が違うことに気づかせたい。イラストの得意な生徒にとっては、それだけで伝達表現ができるわけでないことを知るきっかけになるとよいだろう。

図4　アイデアスケッチのいろいろ

第2時：形に特化したアイデアスケッチの練習と作品制作の形式

　本時においては、前時に学習した「形式的要素」のうち、「形」に特化して、アイデアスケッチの練習を行う。これは、立体的なスケッチが苦手という生徒の実態を前提としている。もし、この形式のスケッチが既習であれば、生徒がやってみたいほかのスケッチ方法も試してもよい。汎用的な活動にして各自の表現に転用できるようにするとよいだろう。

　次に、グループワークで、立体作品の制作形式としてどのようなジャンルが想定されるかということを考えさせる。ここで「立体作品」について考えさせるのは、「形」に特化したアイデアスケッチが、「立体作品」において、多く用いられるためである。なお、「作品の制作形式」とは、DP特有の言語で、美術ジャンルの大まかな分類のことである。「平面の形式」、「立体の形式」、「カメラやビデオ、電子機器、画像ファイルを用いた形式」の大枠があり、それぞれに美術のジャンル、例えば立体の形式には、「彫刻」や「デザイン設計（ファッション・建築…）」などが該当している。

図5　作品の制作形式の分類

　「形式的要素」と「作品の制作形式」には関係があるのか、何が「形」の効果を決定的にするのか、といったことを考えさせ、思考を具体的に視覚化することの概念を理解できるようにする。

　制作形式などについて、質問や疑問があれば、それらを付箋に書かせて集

め、後日にフィードバックする。

5──振り返りと評価

　IBではねらいと評価が一体化していることが前提である。「形式的要素別にアイデアスケッチを使い分けることで、思考を視覚化し、『アイデアと制作意図の伝達』をする。」という本授業のねらいに対して、どのような表現や見解を持つことができたのかを振り返る（表6参照）。

▼表6　本授業の評価

形成的評価
・アイデアスケッチを使い分けること及び必要性の理解 ・形に特化したアイデアスケッチ
総括的評価（他の活動との相互作用による）
・自分の制作に合ったアイデアスケッチで意図を伝達できる。 ・自他の作品について、形式的要素を用いて分析できる。 　（「比較研究」の規準A「形式的要素の特定および分析」との関連） ・状況に応じて強調したい形式的要素の抽出と選択ができる。

　また、本授業では、生徒たちに、自分のアイデアスケッチに対して、プロセスポートフォリオの規準C「アイデアと制作意図の伝達」（p.144表3参照）を用いた自己評価をしてもらった。生徒たち自身で、規準Cが何を求めているのか、そしてなぜ美術表現者として必要な能力であるのかを話し合えるとよい。この形成的な合意が、どのような形式的要素のスタイルがより効果的な発信（コミュニケーション）となるのかを突き詰めるための助けとなるだろう。

6──おわりに

　本稿ではDP美術の初期的な授業実践を紹介した。美術の形式的要素により自分のアイデアを方向づけて視覚化していく様子を想像していただけたことだろう。生徒が美術の方法を学び、自分でアイデアを構想できるようにな

ることをねらったものである。自分で表現したいものを見つけてイメージすること、その作品化への手がかりを得るための自分自身によるアイデアの練り上げについて述べることができた。

　そしてもう一歩進み、基盤となる知識との関係に触れて補足しておきたい。作品づくりが好きな人は、「特に他の影響を受けずに自分のひらめきが独自性である」と考えたくなることもあるだろう。しかしながらこういった主張は多くの場合、歴史家やキュレーターにより瞬く間に整理分類されることになる。当然ながら高校生にもなれば何らかのものの影響を受けている。そのことを自覚した上で、共通シラバス項目領域の実践（理論的実践、作品制作の実践、キュレーションの実践）をバランスよく行うことが、生徒の創造力の伸長とサポートにつながると言える。

　独自性と基盤となる知識との関係は何も美術だけのものではなく、学問的誠実性として全ての教科・科目に及んでいる。DPでは教科を問わず、アカデミックに探求できる環境を整える必要がある。

　さらに、DP美術において異文化理解や文化的文脈の特定、それに影響を受けて表現すること等のインターナショナルな状況設定がされていることに触れたい。もちろん文化とは外国のものに限らず、自分の住む地域がベースである。生徒が伝統や現在の文化を捉え、実社会と美術との興味深い関係を発見していることをうらやましく思う。

　様々に補足すればきりがないほど、DP美術の構造は特に初めての人にとっては理解が難しい。筆者もそうであった。本稿では共通シラバス項目領域について図化したので、大枠で効率的にご理解いただけるものと考える。それでもやはり教育は生物であり、実践を何度も繰り返していくうちに、深い意味合いが見えてくるのも事実である。IBのプログラムは、教師も日々学ぶことができ、これからも更新されていく掛け替えのないものである。

【注】
1 「core syllabus (areas)」は、「コアシラバス（領域）」と訳されてきたが、2017年11月改訂の『「美術」指導の手引き』より、「共通シラバス項目（領域）」と訳されている。
2 芸術科目のねらいと評価目標は以下のとおりである。
　《「芸術」のねらい》
　　1．生涯にわたって芸術とのかかわりを楽しむ

2．芸術の知識と振り返りの習慣をもつ批判的な立場から芸術と関わる人となる
3．芸術の動的で変化し続ける特性を理解する
4．時間、場所、および文化を超えた芸術の多様性を探究し、その価値を認める
5．自信をもって的確に考えを表現する
6．認識および分析のためのスキルを培う

《「美術」のねらい》
7．個人および文化の文脈の影響を受けた作品を制作する
8．視覚文化と表現手段についての知識をもった批判的な鑑賞者および制作者となる
9．作品概念やアイデアを伝えるためのスキル、技法およびプロセスを培う

(『「美術」指導の手引き』2017、p.17)

《評価目標》
評価目標1：特定の学習内容の知識と理解
評価目標2：知識と理解の応用と分析
評価目標3：統合し分析、判断する力
評価目標4：適切な技能や技法の選択、活用、および応用

(『「美術」指導の手引き』2017、p.16)

※これらの評価目標は、日々の学習目標となるものと捉えてよい。各目標にはaからdまでの
　細かな項目があるが、情報量が多いため割愛した。

【参考文献】
・「ディプロマプログラム（DP）「美術」指導の手引き」，2014年3月に発行の英文原本 *Visual arts guide* の日本語版 2016年2月発行，2017年11月改訂
・Jason Paterson, Simon Poppy and Andrew Vaughan. (2017) *OXFORD IB DIPLOMA PROGRAME VISUAL ARTS CAUESE COMPANION* OXFORD UNIVERSITY PRESS.

【掲載作品の提供】
プロセスポートフォリオの生徒成果物は小川真依氏、展示の生徒作品は平松航輝氏に提供いただいた。

第3章

IBの教員養成

IB 教員養成大学と教員認定証

　IB 機構が発行している University Directory 2020 によると、IB 教員養成を行っている大学は、現在、世界中に 47 大学あります。そのうちの 7 大学が、ここで紹介する日本の大学になります。IB 教員養成を行っている大学では、IB 教員認定証（IB Educator Certificates）を取得することが可能です。IB 教員認定証は、IB 機構が授与しているもので、大きくは IB Certificate in Teaching and Learning（略して CTL）と IB Advanced Certificate in Teaching and Learning Research（ACTLR）の 2 種類があります。

　CTL と ACTLR の違いですが、CTL は教員志望の学生や教員歴が浅い人、IB 認定校以外の教員の方に向いています。一方の ACTLR は、ベテランの IB 教員向きです。すでに CTL を取得している人や、IB 教育に関する特定の研究を深めたい教員も ACTLR の対象になります。また、それぞれのコースで学ぶことも違っており、CTL では IB 教育に関する教授理論、学習理論、カリキュラム、教材開発、評価法、協働学習、ICT の活用などについて学びます。一方、ACTLR の目的は、いわば IB 教育の専門家の養成です。ACTLR では IB 教育に関する今日的な問題などを取り上げ、CTL で学ぶ理論を実践と連携させ、専門家としての資質を育てていきます。具体的には IB 教育の分野での修士論文の執筆と修士号の取得を目指します。

　実は、IB 認定校の教員になるためには、上記の認定証が必ずしも必要というわけではありません。IB 機構が主催する教員研修に定期的に参加して研鑽を積むという方法もありますし、教員研修に参加することは現職の IB 教員にも強く求められていることです。ただ、1 回の教員研修は数日間（通常は三日間）で終わってしまうことが多く、理論的なことよりも教科に特化した実践的な研修が中心です。ですので、IB 教育全般に関して体系的に学ぶためには、以下にご紹介する大学・大学院のプログラムに参加することをお勧めします。

（半田淳子）

岡山理科大学
IB 教員養成コース

1──岡山理科大学について

　本学は被爆後の広島で惨状を目の当たりにした創設者が復興のための教育と平和のための国際交流の重要性に強い思いを籠めて始まった。卒業生5万名の約1割が教職についている。岡山大や東京学芸大から IB に造詣の深い方々を迎え、西日本での IB の拠点を目指している。

2──教員養成プログラムの内容

　2016年8月に IB 教員養成大学として認定された岡山理科大学は DP の IB Certificate in Teaching and Learning（CTL）が学部レベルで取得できる大学となった。特定のコースを設置するのではなく、本学の岡山キャンパスにあるいずれかの学部に在籍して日本の高等学校教員免許を目指している学生であれば、誰でも IB 教員養成コースを履修することができるようになっている。また、現役の教員が科目等履修生として資格を取ることも可能であり、実際にそのような方も在籍していた。

　CTL は次の2種類に分かれている。ひとつは一般的な資格で、「Certificate for Teaching in a Global Context」で、8単位の授業を履修する。（図参照）もう一方は、教科に特化した「Certificate for Teaching Math/Chemistry in the IBDP」であり、前者に加えて更に4単位、合計12単位を必要とする。

　資格取得に必要な期間は学部生の場合3年間となっているが、外部からの履修者はその計画によって1年半から数年での修了が可能となっている。最終段階に置かれている「DP 教育実践研究」1と2では系列の IB 認定校である英数学館高等部や岡山理科大学附属高校での実習を行う。他の協力校訪問や IB シンポジウム、フォーラムにも学生と教員が積極的に参加し、知見を広めて共有・評価する。

3——モデルカリキュラム

　図に示したように入門となる概論から始めて理論、実践へと積み上げていく。授業形態は学生主体のアクティブな体験型となっており、教育現場で役立つ経験を積んでいく。

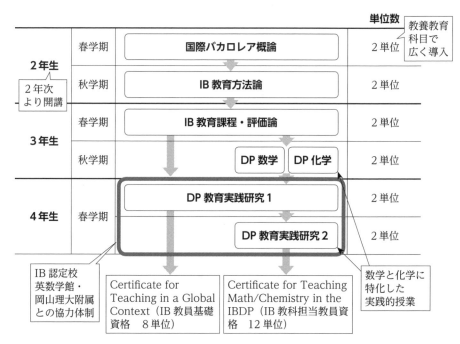

図　IB 教員養成資格取得履修モデル（2021 年度からの新モデル）

4——担当者からのメッセージ

　担当教員は多彩な経歴を持ったメンバーが揃っている。元 IB 研究校校長の眞砂和典教授、実際にマレーシアの IB 校で DP を取得した髙木志保講師に加えて、IB 教員養成の豊かな実績を国立大学教職大学院で積んできた Shammi Datta 教授が来られた。その他にも数学の専門家がおり、IB 校の校長や教員は非常勤として実践のサポートを行う。

キャンパス風景

　遅々として進まない教育改革の壁に直面して、私達に何ができるだろうか。教育の在り方を変えていく担い手として、これまでの優等生は役立たないだろう。柔軟で失敗を恐れない学生を支えて、新しい試みを推し進めることが私達の道ではないかと考えている。

（眞砂和典）

【問い合わせ先】

岡山理科大学　グローバル教育センター

Mail：ibpo@office.ous.ac.jp

電話：086-256-9814

Fax：086-256-8476

ホームページ：https://www.ous.ac.jp/international/gedc/

関西学院大学
IB 教員養成プログラム

1——関西学院大学について

　関西学院大学は、1889 年に W.R. ランバスによって神戸に設立された。幼稚園、初等部、二つの中学・高校、インターナショナルスクール、短大、大学・大学院の九つの学校で構成される総合学園でもあり、130 年以上の歴史を持つ。関西学院大学は 11 の学部と 14 の研究科で構成される総合大学で、現在、四つのキャンパスで、学士、修士、博士の学位をおよそ 40 の異なる分野で約 25,000 人の学生に提供している。

　関西学院大学の使命は、キリスト教主義に基づく「学びと探究の共同体」として「スクールモットー"Mastery for Service"（奉仕のための練達）を体現する、創造的かつ有能な世界市民」を育成することである。"Mastery for Service"は「IB の使命」と完全に合致しており、IB 教員養成プログラムの開講は、全人的教育、そして責任ある世界市民を育むさらなる機会を提供するものである。

2——教員養成プログラムの内容

　本学で取得できる資格の種類は、DP の IB Certificate in Teaching and Learning（CTL）で、教科には特化していない。履修対象者は、2019 年度以降に入学した正規学部生で（科目履修制度での開講は今後検討予定）、専攻や学部は問わない。資格取得に必要な科目は、「IB 概論」、「IB 教育方法論・評価論 I」、「IB 教育方法論・評価論 II」、「IB 教育実践研究」の四つで、それぞれ 2 単位である。

　「IB 概論」は秋学期のみの開講科目で、それ以外は通年開講科目である。「IB 概論」に受講要件はないが、「IB 教育方法論・評価論 I」の履修には「IB 概論」の合格条件を満たす必要がある。また、それぞれの科目は、その前の科目を取得しておかなければならないので、二つの科目を同時に受講するこ

授業風景（読売新聞社［大阪本社］撮影）

とはできない。教育実習は、基本的には日本で最初に三つの IB プログラム（PYP, MYP, DP）を認定された関西学院大阪インターナショナルスクールで行われる予定である。

　本プログラムは、一般教職課程を提供している全学的な組織である教職教育研究センターで開講される。授業は日本語で行われるが（一部英語での授業あり）、実習や試験等において英語での対応も可能だ。

3──モデルカリキュラム

　プログラムは、国際教育の概要から出発する「学びの旅」としてシーケンスが設定されている。「IB 概論」では、国際教育のモデルとして IB 教育の原則を学ぶ。続く「IB 教育方法論・評価論 I」と「IB 教育方法論・評価論 II」では、IB 教員が作成した実際の教材等を用いて IB 教育の原理に基づく「指導と学習、評価」について探究し、協働作業を中心とした演習を通して理解と実践力を身につける。現場の IB 教員からそれぞれの専門科目についての集中講義も行われ、これらを通して専門性を深め、最終科目である「IB 教育実践研究」での実習に備える。

　最短取得年数は 2 年だが、4 つの科目（8 単位）を在学中に取得すればよいので、留学を希望している学生も早めに履修計画を立てることで、認定資格の取得は十分に可能である。以下に履修学年と科目のモデルを示す。

履修学年	学期	科目	単位
1 年	秋	IB 概論	2
2 年	春	IB 教育方法論・評価論 I	2
2 年	秋	IB 教育方法論・評価論 II	2
3 年	春	IB 教育実践研究	2

4——担当者からのメッセージ

　IB は、「多様な文化の理解と尊重の精神を通じて、より良い、より平和な世界を築くことに貢献する、探究心、知識、思いやりに富んだ若者」、「人がもつ違いを違いとして理解し、自分と異なる考えの人々にもそれぞれの正しさがあり得ると認めることのできる人」、「積極的に、そして共感する心をもって生涯にわたって学び続ける人」の育成を使命としている。この使命は、文科省が示した「平成 29・30 年改訂学習指導要領」で目指されている人物像に通じるものであり、IB の教育原理を学び、実践を積み重ねていくことができる人材は、今後 IB 校だけでなく日本の学校でもますます求められてくるだろう。本プログラムの授業担当者は、20 年以上にわたって IB 教育を実践してきており、大学での授業そのものが、将来教壇に立つことを希望している学生のモデルになるような授業を目指している。　　　（遠藤みゆき）

【問い合わせ先】

関西学院大学　教職教育研究センター

電話：0798-54-6108

ホームページ：https://www.kwansei.ac.jp/c_teach/c_teach_016724.
　html

国際基督教大学大学院
IB 教員養成プログラム

1──大学の紹介

　ICU は日本で最初の教養学部を有する大学（リベラルアーツ・カレッジ）として設立され、国際的相互理解を実現し、恒久平和に貢献することを理念に持つ卒業生を世界中に送り出してきた。「創造性」「批判的思考」「問題解決能力」「コミュニケーション能力」「奉仕的精神」などは、リベラルアーツ教育の目標である。「文系・理系」の枠組みを超え、「芸術系」をも取り込んだ「文・理・芸の統合」がリベラルアーツであると言ってよい（『リベラルアーツという波動』2019 年）。このように、学科横断的な学びを可能とする自由度の高いカリキュラムや、批判的思考力を育てる教育内容、「責任ある地球市民の育成」を目指す本学の教育は、IB 教育との親和性も高く、IB 認定校の卒業生も多く入学しているし、国内外の IB 認定校の教員として既に務めている卒業生もいる。

2──プログラムの概要

　本プログラムでは Certificate in Teaching and Learning（CTL）及び Advanced Certificate in Teaching and Learning Research（ACTLR）の IB 教員認定証の取得が可能である。CTL を目指す学生は、同時に教職課程を履修するか、あるいは既に教職免許を取得していることが条件となる。なお、教職免許の種類や教科は問わない。ACTL の場合には、IB 校で 3 年以上の教授経験が必要となる。本プログラムを履修するためには、ICU の学部あるいは大学院に入学する必要がある。

　CTL を希望する学生は、原則として①指定された 6 科目の必修科目と、選択必修科目の計 12 単位を履修し、MYP か DP のいずれかを選択し、② IB 校での教育実習（3 週間）を行う。言語 B（日本語）での実習も可能で、その場合は、本学の日本語教員養成プログラムを履修し、修了証の取得（見

込みも含む）が必要である。ACTLRを希望する学生は上記①の他、IB教育に関連するテーマで修士論文を提出する。開講科目や単位数については、表1（必修・選択必修科目）のとおりである。選択必修は、三つの分野・領域よりそれぞれ一つの授業を履修する。本プログラムは、本学の「学士・修士5年プログラム」でも修了は可能だが、2年間かけて履修することを推奨している。

▼表1　開講科目と単位数（必修・選択必修科目）

必修科目	単位数
Introduction to IB Programmes	2
Teaching, Learning and Assessment in the IB Programmes: MYP and DP	2
Teaching Methods in English-Medium Instruction	2
選択必修科目	**単位数**
国際教育	
Research on Education in Diverse Societies	2
International Comparative Education	3
教育哲学	
Seminar in Philosophy of IB Education: MYP	2
Seminar in Philosophy of IB Education: DP	2
インストラクショナル・デザインとオンライン学習	
Distance Education and e-learning	2
Instruction Design: Theories and Principles	2

3──担当者からのメッセージ

　本プログラムは、ICUの学生にとってIB教育について深く学ぶ機会を提供し、将来、様々な教育現場で活躍することを期待している。授業担当者としてはIB校での教員歴が豊富な講師もお迎えし、国内外のIB校出身の学生、日本の従来の教育を経験してきた学生、海外からの留学生が日本語と英語を交えて活発な意見交換を通した、探究的な学びが展開されている。

　今後、現役の教員あるいは社会人がIB教育に興味を持ち、ICUの大学院で学ぶことで、国際性豊かな授業やキャンパスでの学びを体験し、リベラル

キャンパス風景

アーツ教育の場に身を置くことで、より深く IB 教育を理解し、修了後に現場へ戻ることも期待できる。

（藤井彰子）

【問い合わせ先】

国際基督教大学　学務部　大学院事務グループ

Mail: ibec@icu.ac.jp

ホームページ：https://www.icu.ac.jp

玉川大学大学院
教育学研究科修士課程 IB 研究コース

1——玉川大学について

　玉川学園は 1929 年に小原國芳が創立した学校法人であり、創立当初は旧制の中学校、小学校と幼稚園で構成されていた。今日では玉川の丘と呼ばれる自然豊かな広大なキャンパスに幼稚園（幼稚部）、小学校（低学年部）、中学校（中学年部）、高等学校（高学年部）、大学、大学院や研究所を擁する総合学園となっている。創立当初からの全人教育を柱に、幼稚部から大学までの 16 年一貫（K-16）教育を目指している。玉川学園（K-12）は IB ワールドスクールとして認定されており、中学年部は 2009 年から中等教育プログラム（MYP）を、2010 年からディプロマプログラム（DP）を実施している。1949 年設置の玉川大学は現在 8 学部 17 学科、大学院は 6 研究科を有し、2006 年に開設された教育学研究科に 2014 年より IB 教員養成プログラムが開設されている。

2——教員養成プログラムの内容
2.1　取得できる資格の種類

　IB が提供する 4 種の IB 教員認定証のうち、玉川大学大学院で取得できる資 格 は Certificate in Teaching and Learning（CTL）と Advanced Certificate in Teaching and Learning Research（ACTLR）の 2 種で、CTL は PYP もしくは MYP もしくは DP を選択できるようになっている。いずれも教育学研究科の修士課程に在籍して取得することが可能であるが、CTL のみの取得希望の場合は科目等履修生として取得することも可能である。

　出願資格は入学試験要項で確認されたいが、大学卒業もしくは卒業見込みであれば、教員免許状を保持していなくても IB 教員認定証の取得を目指すことができる。

IB 関連授業での学びの風景

2.2　資格取得に必要な要件

　CTL を取得するためには 5 科目 10 単位の修得が、ACTLR を取得するためには修士課程の 30 単位の修得と修士論文の審査に合格することが必要である。詳細は表 1 を参照されたい。

▼表 1　玉川大学大学院 IB 教員養成概要

	プログラム名	入学資格	取得に必要な単位数	最短取得年数	外部実習
CTL [PYP]	IB 教員プログラム（科目等履修生でも取得可）	大学を卒業した者または卒業見込みの者	10	1 年	なし
CTL [MYP]					
CTL [DP]					
ACTLR	修士課程		30＋修士論文	2 年	あり（アクションリサーチ）

2.3　開講科目

　IB 教員認定証関連の開講科目は表 2 の通りである。指導言語は別途記載してある科目を除いて原則日本語である。

▼表 2　開講科目

CTL	IB 教師教育Ⅰa
	IB 教師教育Ⅰb
	IB 教師教育Ⅰc
	IB 教師教育（PYP）Ⅱa（指導言語：英語） 　または IB 教師教育（MYP）Ⅱa 　または IB 教師教育（DP）Ⅱa
	IB 教師教育（PYP）Ⅱb（指導言語：英語） 　または IB 教師教育（MYP）Ⅱb 　または IB 教師教育（DP）Ⅱb
ACTLR	IB 教育実践研究Ⅰ
	IB 教育実践研究Ⅱ

2.4　教員の紹介

　2020 年現在、IB 関連科目の授業担当者は 3 名おり、いずれも専任教員である。3 名とも IB 認定校での教員およびコーディネータの経験があり、IB 教育者ネットワーク（IBEN）で活動しており、国際バカロレア機構（IBO）での職務経験がある。

2.5　卒業生の進路

　修士課程 IB 研究コースでは、2020 年 3 月までに卒業生 22 名を輩出しており、うち 9 名が IB 認定校、候補校に勤務している。

3──モデルカリキュラム

玉川大学大学院教育学研究科の修士課程は原則 2 年間で修了だが、長期履修学生制度があり、3 年コースと 4 年コースもある。また、夜間の授業も開講している。表 3 は 2 年間の科目履修例である。

▼表 3　IB 関連科目履修例
（2019 年度入学、修士課程 2 年履修、昼間授業のみ履修の場合）

大学院 1 年目	春	IB 教師教育 Ib　IB 教師教育 Ic
	秋	IB 教師教育 Ia　IB 教師教育（PYP/MYP/DP）IIa IB 教師教育（PYP/MYP/DP）IIb　IB 教育実践研究 I
大学院 2 年目	春	IB 教育実践研究 II
	秋	

注：下線は CTL 科目、二重下線は ACTLR 科目。修士課程修了には他の条件あり。

4──担当者からのメッセージ

本学では現職の教員、定年退職した元教員や管理職を含む院生に加えて、教育学研究科以外の院生や学部 4 年生など、年齢も経験も多様な受講生が少人数で IB の教育を学んでいる。単元設計を経験し、模擬授業などで実践し、成長する教師として探究的学びを経験することができる。

（星野あゆみ）

【問い合わせ先】
玉川大学　教育学研究科 IB 担当
Mail：ibec@tamagawa.ac.jp
ホームページ：
　▼アドミッションポリシー
　https://www.tamagawa.jp/graduate/educate/education/
　▼コース紹介
　https://www.tamagawa.jp/graduate/educate/course/educate_ib/

筑波大学
国際教育サブプログラム

1──筑波大学について

　筑波大学教育学学位プログラム（国際教育サブプログラム）では、高度な研究能力と教育実践の習得を目指す学生を受け入れている。修了後も世界の教育界のリーダーとして、幅広く活躍出来る人材育成を基本理念としている。

2──教員養成プログラムの内容

　本プログラムでは、規定の課程を修了すれば、「教育学の修士号」と「IB 教員認定証」の両方を 2 年間で取得する事ができる。さらに、第 1 種教員免許状の保有者が、教育学学位プログラムの他専攻の授業を履修し、必要単位を修得すれば、「専修免許状」を取得する事も可能である。

　IB 資格としては、本プログラムで取得できる IB 教員認定証は 2 種類あり、IB Certificate in Teaching and Learning（CTL）と IB Advanced Certificate in Teaching and Learning Research（ACTLR）である。

　本プログラムの募集人員は 10 名であり、9 人の教員を配置している。IB 認定校で教鞭を執る外部の非常勤講師陣とも連携し、学生の学修、研究を手厚くサポートしている。なお、9 人の専任教員の内、2 人は IB 機構や国内外の IB 認定校で長年の勤務経験を有しており、IB の理論と実践経験を兼ね備えている専門家であるため、国際的にも魅力ある「IB 教員養成課程（大学院）」になっている。なお、教授言語が英語の授業も開講されているが、支援教員や支援院生を配置するなど、語学に不安がある院生に対しても、充実したサポート体制を整備している。

　卒業生の進路は、大学の IB 教員養成課程の講師、文科省職員、IB 校の教員等である。

3——モデルカリキュラム

　本プログラムは基本的に 2 年間のプログラムである。まず、1 年次に必修科目として「教授法」や「研究方法」に関連する専門基礎科目を 7 単位、履修する。選択科目は IB 機構に認定された「プロセスとしてのカリキュラム」、「学習と評価」、「専門職としての学習と実践の振り返り」等、30 単位以上の IB 関連科目が開設されている。本プログラムが提供する選択科目には「国際理解教育」、「国際教育協力」、「グローバル化と教育」等、広く国際教育に関連する科目も開講され、少人数で中身の濃い授業が実施されている。2 年目には、修士論文を執筆する。現職の教員は職場に復帰し働きながら、論文執筆を進める場合も多い。

4——担当者からのメッセージ

　大学院では、IB の研究をするだけでなく、IB を研究していただきたい。つまり、IB の制度や教授方法を修得するだけでなく、IB 教育を国際教育学の中で対象化して、他の教育プログラムと相対化しながら研究出来る視点、能力を獲得していただきたい。そのためにも、各学生には、IB の研究を実施すると同時に、何か各自が依拠する学術領域を極めて欲しいと考えている。「IB 学」という学術領域は存在せず、いずれかのディシプリン（研究領域）に依拠して研究を進めていくことになる。例えば、比較教育学、教育行政、教育制度など、既存学問を理解した上で IB を対象化し、研究していく姿勢が重要になる。

　IB 校に留まらず、広く世界の教育界のリーダーになる事を目指す、志の高い方に是非、来ていただきたい。

（川口純）

【問い合わせ先】

筑波大学　教育学学位プログラム（国際教育）

電話：＋ 81-29-853-6746

ホームページ：http://www.human.tsukuba.ac.jp/education/edu-mp/

都留文科大学
国際教育学科

1——都留文科大学国際教育学科について

　「富士山に一番近い公立大学」都留文科大学は、自然豊かな山梨県都留市にある大学である。開学当時から教員養成に力を入れており、毎年全国から多くの学生が入学してくる。国際教育学科は大学の60周年記念プロジェクトとして構想され、グローバル人材の育成を目的として2017年に創設された学科で、開設される専門科目の多くを日英バイリンガルで行っている。学科のミッションは、21世紀型の教育を熟知し、国内外の教育機関、企業、NPOなど幅広い分野で、「教育」を軸に活躍できるグローバルエデュケーターを育成することである。国際教育学科の卒業単位（124単位）を満たしIB機構に申請することで、PYP、MYP、DPのいずれかのIB教員認定証、すなわちIB Certificate in Teaching and Learning（CTL）を取得することができる。

2——IB教員養成プログラムの内容

2.1　プログラムの概要——世界に羽ばたく教育者の養成をめざして

　本学科のプログラムは、IB教育やその根幹をなす教育学（IB Pedagogy）について学ぶ科目群、グローバルスタディーズ（Global Studies）を通して様々な国や地域の文化・思想の多様性を学ぶ科目群、そして世界に視野を広げ異文化での実践力を鍛える北欧交換留学プログラム（Study Abroad）とインターンシップ科目群の三つの領域で構成されている。三つの領域は有機的に相互作用しているため、教員認定証（CTL）を取得するためのIB関連科目群のみ切り取って学ぶことはできない。学生は、2年次になると「PYPコース」か「MYP・DPコース」の一つを選択し専門性を高めていくが、時間割が許せば他のコースの科目も履修することができるため、4年間の学部教育を通してIB教育の理念と実践について総合的

「Global English」科目の授業風景

に学ぶことができる。また、2年次後期より半年間かけて取り組む北欧交換留学では、教員養成系大学の授業を現地の大学生や留学生と共に英語で履修しながら、各自設定した探究テーマに取り組む。留学中、留学先の大学教員の指導のもと現地の小中学校で教育実習や教育インターンシップにチャレンジする学生もいる。

　国際教育学科の学びを通して IB 教員認定証（CTL）を取得できることは学科の大きな特徴の一つであるが、認定証の取得にとどまらず、世界に通用する教育力を持ったグローバルエデュケーターを育成することが学科の最終目標である。本学科に日本の教職課程は設置していないが、学科の専門科目に加え、他学科の教職科目を履修することで、日本の小・中・高の教員免許（英・国・社）も取得することができる。

2.2　卒業生の進路

　国際教育学科の約半分の学生が探究学習や国際理解教育に力を入れる学校の教員になることを目指している。残りの半分は、グローバル系企業、国際

協力系のNPO、地方創生に取り組む公務員、大学院進学などを希望している。IBについて学んだことを活かして、より良い社会をつくるために、卒業生たちが広く様々な分野で活躍してくれることを願っている。

3──モデルカリキュラム

　以下に、1年次から4年次のモデルカリキュラムを示す。IB関連の開講科目の例を示した表1も参照されたい。

◆1年次

　「共創セミナー（Co-Creative Seminar）」、「IB教育入門（Introduction to IB education）」等基礎科目の履修。「Global English」科目や北欧からの留学生との交流を通して、英語力を強化。

◆2年次

　「PYP」もしくは「MYP・DP」のいずれかのコースを選択。IBのカリキュラムの特徴について理解を深める。後期より半年間、北欧留学。

◆3年次

　北欧での実践を振り返りながら、IBの教授法や教師教育について更に理解を深める。また「探究セミナー（Inquiry Seminar）」に所属。それぞれの探究テーマに基づいて専門性や実践力を高めていく。

◆4年次

　探究セミナーで卒業研究に取り組みながら、就職活動。IB教員認定証に加えて日本の教員免許の取得をめざす学生は、日本の学校で教育実習。卒業後、教育施設・企業・NPOなどで求められる実践的な力を身につける。

4──担当者からのメッセージ

　国際教育学科は、日々進化しています。すでに出来上がったものに満足するのではなく、教員・在校生と共に新しい伝統を創っていきませんか？ チャレンジ精神と創造力にあふれた皆さんの入学を楽しみにしています！

（原　和久）

【問い合わせ先】

都留文科大学 文学部 国際教育学科 事務室

Mail：ged@tsuru.ac.jp

▼表1　IB 関連開講科目（例）

科目名	モデル履修年次
必修科目	
IB 教育入門	1
Integrated Learning & Teaching	1
Approaches to teaching and learning	2
Reflection and Assessment	3
選択科目	
PYP カリキュラム編成法	2
PYP 教授法	3
PYP 教師教育法	3
MYP・DP カリキュラム編成法	2
MYP・DP 教授法	3
MYP・DP 教師教育法	3
IBDP（歴史）	3－4
IBDP（英語 B）	3－4
IBDP（日本語 A）	3－4

＊ PYP コース、MYP・DP コースは最低 7 科目 14 単位の IB 関連科目を履修する。DP コースを選択する学生は、加えて IBDP 科目を最低 1 科目（2 単位）履修する。加えて IB 教員認定証（CTL）取得希望者は、在学中に IB 認定校にて教育実習を行う必要がある。

＊本学の IB 教員養成課程は学科のカリキュラムに組み込まれているため、大学の卒業合格単位数である 124 単位を履修・取得し大学を卒業することが前提となっている。

東京学芸大学教職大学院
国際バカロレア特別プログラム

1──学芸大学教職大学院の紹介

　東京学芸大学は、2008年（平成20年）4月に、全国で最も早く教職大学院を創設し、多くの優秀な人材を教育界、学界に輩出してきた。本学は、2019年（平成31年度・令和元年度）には、教職大学院組織を大幅に拡大し、社会から期待されている多様なニーズに応えるために、総合型の教職大学院（教育実践専門職高度化専攻）に転換することとした。

　教育実践専門職高度化専攻は、教科等の指導や現代的教育課題に対する取り組みにおいて、教職員・保護者・地域の人々・専門家と協働して問題解決にあたることのできる高度な実践的指導力を備え、学校や地域の教育活動においてリーダーとなる教員（スクールリーダー）を育成することを目的とし、以下のような人材を求めている。

- 教科等の専門的知識と基礎的な実践力、向上心を有する大学卒業予定者あるいは社会人で、高度な実践的指導力を備えたスクールリーダーを志す人
- 学校における豊かな教育経験に裏付けられた専門的知識と実践力、現代的な教育課題に対して強い解決への意欲を有する現職教員で、高度な実践的指導力を備えたスクールリーダーを志す人

2──IB教員養成プログラム内容

　本学におけるIB教員養成において特徴的なことを以下に二つ示す。

① IB教員として必要な理論と実践を同時に受けることができる

　国内公立学校として現在唯一のIB認定校である附属国際中等教育学校において、授業実践を通してIB教育実践教員から、IBに関する様々なスキルを習得することができる。また、大学の授業ではIBに関する理論を学ぶことで、より高度な「理論と実践の往還」が可能となっている。

②教職大学院を卒業後、すぐに IB 教員として力を発揮する

　IB 校に就職し活躍することを目標とし、IB 校以外でもその探究学習や概念学習などの指導スキルを身に付けることができる。

　新しい教職大学院は五つのプログラム（学校組織マネジメント P・総合教育実践 P・教科領域指導 P・特別支援教育高度化 P・教育プロジェクト P）で構成されている。いずれのプログラムに所属していても教職大学院の学生であれば、総合教育実践 P が開設する高度選択科目に含まれる「国際バカロレア特別プログラム」対象科目を履修することで IB 教員としての資格を取得できる。本学において取得できるのは、IBMYP 教員認定証（CTL）か IBDP 教員認定証（CTL）のいずれかであり、詳しくは以下にその条件を記す。

- 本学教職大学院生であること、更に教職大学院を修了すること。
- 対象科目は MYP 教員養成の場合「IB 教育入門（共通科目）：2 単位春学期」「IBMYP 教育概論：2 単位秋学期」「日本の MYP 教育実践：2 単位秋学期」の計 6 単位で、DP 教員養成の場合「IB 教育入門（共通科目）：2 単位春学期」「IBDP 教育概論：2 単位秋学期」「日本の DP 教育実践：2 単位秋学期」の計 6 単位を 1 年間の中で履修すること。
- IB 教員研修として、科目履修中に附属国際中等教育学校において 18 時間の研修と、附属国際中等教育学校以外の IB 関連校で 12 時間以上の研修が必須となる。

3──履修の流れ

　IB 教育入門（共通科目）を履修後、秋学期科目を履修するか判断する。秋学期科目履修者のみ、IB 校での研修がスタートする。　　　　（赤羽寿夫）

【問い合わせ先】

東京学芸大学教職大学院　事務

電話：042-329-7111（大学総合案内）

詳しい説明・質問等はご連絡ください。（授業見学も可能）

IB教員養成の開始までのプロセス

　本章で、ここまで紹介してきたように、2020年8月現在、日本国内で、IB教員養成を実施している大学（以下、括弧内は開始年）は七つあります。玉川大学大学院（2014年4月～）、筑波大学大学院（2017年4月～）、都留文科大学（2017年4月～）、岡山理科大学（2017年4月～）、東京学芸大学教職大学院（2019年4月～）、関西学院大学（2019年4月～）、国際基督教大学大学院（2019年4月～）です。

　大学がIB教員養成プログラムを実施する場合、IB機構の資格審査を受け、承認される必要があります。認定までには、以下の四つの段階（ステップ）があり、全ての段階を終えるのに約12か月から18か月を必要とします。なお、以下の手順は、国際基督教大学がIB機構から認定を受けた時のものに基づいています。

【Step 1】

　まずは、IB機構に、IBEC（IB Educator Certificates）が取得できるコースを大学内に開講したい旨の意思表示をしなければなりません。具体的には、Interestと呼ばれる文書を学長名で送ります。書式は自由ですが、Interestには、大学紹介をはじめ、IBECを開講したい理由や大学内の体制づくり（開講に当たっての準備や基盤が整っているのか）を具体的に書きます。

【Step 2】

　約2か月後に、IB機構からInterestの内容に関する許諾の返信が届きます。承諾の場合は、同時にAcademic Program Recognition Packもメールで送られてきますので、必要事項を記入してIBOに提出しなければなりません。この段階を、Application Stageと呼んでいます。

　主たる記載事項は、開始予定のIBECのカリキュラムの詳細ですが、Academic Program Recognition Packは非常に細かく幾つものセクションに分かれており、IB機構の担当者と遣り取りを重ねながら書き進めなけ

ればなりません。どのような科目を開講するか、それぞれの科目で何が学べるのかを明確にしなければなりません。書類の作成には、もっとも多くの時間とエネルギーが必要です。ちなみに、記載はすべて英語です。すべての項目を記入した後は IB 機構の審査があり、少しでも不足があると再提出を命ぜられます。その場合は、3 か月以内に加筆・訂正し、再提出しなければなりません。

【Step 3】

Application Stage で提出した書類が IB 機構に受理されると、次は Recognition Visit が行われます。これは、IB 機構の関係者で IBEC を審査する 2 ～ 3 名が大学を訪問し、関係者（学長や副学長も含め）から直接 IBEC のカリキュラムについての詳細を聞きます。IBEC のための授業を担当する教員との面談もあります。その他、大学の施設なども見学します。Recognition Visit は、だいたい 3 日間です。3 日目には、IB 機構の関係者からフィードバックを受けることができます。

【Step 4】

Recognition visit の結果を受け、問題がない場合は、IB 機構から Formal Recognition（認可の通知）が送られてきます。いよいよ IB 機構の認可を受けた正式な IB 教員養成プログラムの開始です。

ただし、認可後も、3 年ごとにカリキュラムの内容や実施状況についての review があり、IB 機構の関係者の訪問を受けることになっています。

このような IB 機構の厳しい審査のもと、各大学の IB 教員養成課程は認可されています。それでは、具体的にどのような授業が行われているのでしょうか。次ページからは、三つの大学の IB コースの授業を紹介します。

（半田淳子）

授業紹介

①教授言語としての英語における教授法（国際基督教大学）

　ここで紹介する授業は大学院の科目であり、IB教員養成プログラムの必修科目ですが、履修者は実に多様な顔ぶれです。初年度は、大学院生、学部生、留学生、IB教育経験者、帰国生、インターナショナルスクールの経験者など、様々な学生が受講しました。12人の受講者のうち、半数の6人がIB教員養成プログラムの要件を満たすため、IB教員認定証の取得のために受講しました。開講言語は英語です。

◆コースの概要

　授業は1学期（約10週間）を通して、幾つかのテーマと中心的な問い（inquiry question）を設定し、そのテーマに沿った論文を毎週2本読むことを課しました。それぞれの学生が2人1組となって一つのテーマを担当し、事前にウェブ上のクラスのページにディスカッション用の質問をアップロードするという段取りが決められていました。学生が用意する質問は内容理解に関する質問（comprehension questions）と、より分析的な質問（critical questions）の2種類です。授業運びのもとになる質問を学生が考えるというのは学生にとって難題ですし、期待しているほど深まりのない授業になる恐れもあり、担当教員ももどかしい思いをする可能性があります。しかし、IB教育では学習者中心の教授法が求められていますので、教員養成の過程でも学生にそのような教授法を体験してもらうという狙いがあります。

　さらに、学生がディスカッションを主導する方法としてはAlexis Wiggins（2017）のSpider Web Discussionを参照しました。すべての学生がなるべく均等にディスカッションに参加することを目指すための方法です。ただ、簡単ではないので、リーダー（教員役）となった学生が苦戦する場面もありました。授業の課題としては、担当回のリーダーを務めるほか、毎回の授業後に「振り返り」をネット上にアップロードし、クラスメートの振り返りにコメントを投稿する、英語で開講されている授業の見学と報告、そして英語で開講される授業についての研究プロジェクトの実施が学期末に

課せられました。プロジェクトのテーマは、教員の発問について、英語の授業を受けるにはどのようなスキルが必要かについて、英語の授業において学生同士の助け合い（peer support）についてなど、テーマは様々です。データを収集し、分析し、最後はポスター形式で発表をします。

　この授業は英語で行う授業ですが、勿論、英語での発言が得意でない学生もいます。ディスカッションが盛り上がらないこともありました。また、その日のリーダーが期待する答えがなかなか出てこない場合もありましたが、生徒役、教員役の両方を経験することで学生にとって多くの発見があったように思います。多様な集団において、意義のある対話をどのように引き出すかということについて、それぞれの学生が考えることができたと思っています。

◆**担当教員からのメッセージ**

　現在、教育界においては英語の存在感が増しています。日本国内の IB プログラムも英語を主要言語とするものもあり、あるいは、ディプロマプログラムにおいて英語で学ぶ教科を選択する必要もあります。英語が母語でない生徒が英語で教育を受ける環境が当たり前となる時代に突入しています。「英語で」学ぶということについては多くの研究がなされており、これから教員として歩む者は、担当教科に関係なく、言語教育やバイリンガリズムの観点から教授法について学ぶことは役に立つはずです。

（藤井彰子）

② IB 教師教育（MYP）Ⅱb（玉川大学）

　玉川大学大学院 IB 研究コースでは、プログラム共通3科目「IB 教師教育 Ia, Ib, Ic」を履修した上で、プログラムに特化した2科目「IB 教師教育（PYP）IIA」と「IB 教師教育（MYP）IIa」もしくは「IB 教師教育（DP）IIa」と「IB 教師教育（DYP）Ⅱb」もしくは「IB 教師教育（MYP）Ⅱb」と「IB 教師教育（DP）Ⅱb」を履修することになっています。ここでは「IB 教師教育（MYP）Ⅱb」での授業の一端を紹介します。

◆コースの概要

　「IB 教師教育（MYP）Ⅱb」の授業は、「IB の教育に沿った教育的効果の高いカリキュラムデザインのプロセスの探究、学習成果を正しく伝えていくための評価手順の構築、形成的評価及び総合的評価を確実に実施するために必要な教育的プロセスの理解へのサポート、自身の指導に対する振り返りと改善可能な箇所への取り組み、IB ミドルイヤーズプログラムの目標達成に向け協力して進める学習に取り組んでいく」（大学院要覧より）授業です。中心的な内容となるのが、MYP の単元設計です。以下に、1学期15回の授業で構成されるこの科目の流れを4期に分けて説明します。

（1）準備期

　学生は、日本の一条校で MYP が実施される可能性のある小学校6年生から高校1年生までの検定教科書から、取り上げたい単元を選択します。選択の根拠は、自身が児童生徒として、あるいは教師として興味を持ったり苦労したりした単元です。学生の専門（教科）や科目もそれぞれ異なるため、多様な学年や教科や科目の単元が選択されてきます。

　そこで、次に、学生は選択した単元の学習指導要領上の位置づけ、目的、評価規準、時間数や指導手順などについて授業で説明します。その際に、参考になるのが学習指導要領のほか、出版社が発行している教師用指導書や公式ウエブサイトの年間指導計画です。クラスメートが選択した単元は、自身の専門以外の校種や教科や科目ものである場合もあり、ここでの説明が明確な理解のために非常に重要です。

(2) 設計（デザイン）期

次に、MYP 単元プランナー（資料を参照）の作成に取り組み始めます。すでに「IB 教師教育 I」の授業で MYP 単元プランナーや MYP の指導の方法に関しては触れていますが、復習をしながらプランナーのセルを一つずつ埋める作業を行います。日本の一条校での MYP 単元の設計は、通常、網羅すべき学習内容が決まっているため、「内容」のセルを埋めることから始めます。その後に、「重要概念」、「関連概念」、「グローバルな文脈」、「探究テーマ」、「探究の問い」、「学習の方法（ATL）」を復習しながら、一つひとつを検討し、決定していきます。授業では、この過程は協働的に行っています。MYP で求められる校内の協働性を体験し、協働による検討の深まりを実感するためでもあり、学際的な取り組みの意義に気づくためでもあります。最後に総括的評価を作成します。各単元で目標とする生徒の理解の到達度を生徒が表現できる評価課題として作成することが重要で、それができない場合は、単元が成立しないため、総括的評価の作成が単元設計の成功の鍵を握ると言えます。

(3) 実践期

単元の授業をすべて実施することは時間の制限上できないので、学生は単元の最初の授業などを選択して、模擬授業を行います。設計段階で充分に検討したつもりでも、実際授業を展開してみると、生徒への問いかけ方や補助教材の選択に問題があることに気づきます。実践への準備として学習指導案の作成にも取り組めると、単元設計と授業設計の両面からの検討が可能になり、有意義です。

(4) 振り返り期

生徒役の学生のフィードバックを参考に、模擬授業後に、再検討の議論を行います。学生は単元プランナーを練り直し、再度、模擬授業を実施し、単元プランナーを完成させます。

◆コースのねらい

この授業では、学生は MYP 単元プランナーを完成することを通して大きく 2 点を学びます。第一点は、単元を設計するという視点です。これは、こ

れまでの授業計画との差を認識することでもあります。これまで教員は、授業研究や教材研究という授業計画の視点は持っていても、単元設計という視点はなかなか持ちにくかったと思います。それは学習指導要領に明記されている目標と内容が検定教科書という形で編集されていて、「何を目的にこの単元の内容を教えるのか」という問いを、自分自身に投げかける必要性が低かったからかもしれません。知識の定着だけを目的とするならば、検定教科書の内容を教えれば良いかも知れません。しかし、MYPのように探究学習や概念理解学習を通して「深い学び」を実現しようとするならば、指導と学習と評価が一体化され、1コマの授業ごとではなく、単元全体を見通して目標とする「深い学び」を意識し、様々な方法を組み合わせ、創造して、生徒の学びを導くことが必要になります。これが単元の設計です。単元を通して、生徒に何を学んで欲しいのかという問いに対する教師の答えが、授業ではなく単元を、計画するのではなく設計する際には必要不可欠なのです。

　この授業を通して学生が学ぶ第二の点は、同僚教師との協働の重要性です。単元を設計するには様々なアイディアや資料の活用が必要となります。教科書をなぞるだけの授業では必要のなかったこの新しい作業においては、一人よりも教科を超えた多くの教師たちと話し合うことが有意義です。単元の多様な展開の仕方があり、幅広い選択肢があるなかで、どれを教師が主体的に選択するのかが問われます。生徒に学んで欲しいことに生徒が近づくために必要な問いかけや資料は何なのか、充分に時間と労力をかけた検討をしたいところです。

◆担当教員からのメッセージ

　以上の2点を学ぶことが、より良いMYPの単元設計を可能にするにとどまらず、常に授業改善を試み、学び続ける教員としての姿を身近にし、学際的な学びにつながるプロフェッショナル・ラーニング・コミュニティの形成に役立つことを願っています。

（星野あゆみ）

③国際教育概論（都留文科大学）

　国境を越えて様々な分野で活躍する教育者（グローバルエデュケーター）を育てるためには、国際バカロレア（IB）教育はもちろん世界の様々な地域で行われている他の教育実践にも目を向け、そのよいところ（ベストプラクティス）に学ぼうとする姿勢を育てる必要があると考えています。そのような考えから、国際教育学科では、IBはもちろん、学生たちに国内外で実践されている様々な他の教育実践にも目を向けてもらうために、1年次前期の必修科目として、「国際教育概論」という講義科目を設けています。

◆コースの概要

　「国際教育概論」の講義では、グローバル社会で活躍するために必要な資質や能力について話し合ったり、「ナショナル」「インターナショナル」「グローバル」の三つの視点から昨今の教育課題について意見を出し合ったりしながら、国境を越えて展開される教育改革の理論と実践について学びます。また、コース後半では、「国際理解教育」、「多文化教育」、「開発教育」、「持続可能な社会のための教育（ESD）」など、社会のグローバル化に伴って生み出された教育実践を毎回取り上げ、その理論的背景やより具体的な授業案の紹介を通して、教育現場における取り組みの実際について理解を深めます。いずれも、グローバル社会における教育のあり方や果たすべき役割について学生たちに考えてもらうことが講義の目的です。グローバル化が身近な社会現象となった今、異なる文化や社会背景をもつ人々との共生を実現するためにどのような教育内容や教育方法が可能か、広く国内外の実践事例に学ぶ機会を持つことで、学生たちがより望ましい教育のあり方について思考する契機になればと考えています。

◆講義スタイル

　講義は一方的に知識を伝授するのではなく、学生たちが主体的に学修する中で多様な文化や見方があることに自ら気づくことができるようワークショップ形式で行っています。具体的には、グループワーク、ディスカッショ

ン、シミュレーション、ゲーム、ロールプレイなど、様々な形の協同作業を
毎回の授業に取り入れ実施しています。学生たちには、そのような対話やプ
ロセスを重視した学修活動を通して自分の価値観が必ずしも「常識」ではな
いことを理解し、自分と異なる価値観や文化を尊重することの大切さや、よ
り平和な社会をつくるために協力することの大切さについて学んでほしいと
思っています。

▼様々な授業の取り組み

「ナショナル」「インターナショナル」「グロー
バル」の三つの視点から、現代の教育課題に
ついて話し合っている。すぐに小グループを
編成しディスカッションできるよう、椅子と
机にはキャスターがついている。

グローバル社会で求められる資質・能力につ
いて、各グループで話し合いリストアップし
ている。教室の壁は、全面ホワイトボードと
なっており、グループの意見を視覚的に全員
で共有できる。

「国際教育」のイメージを絵で表す課題に取
り組んでいる。写真のグループは「国際教育」
のイメージを7色の「虹」に喩えた。学生の
持つ自由な発想や協働作業を大切にしている。

社会を構成する様々な「つながり」に気づく
ためのアクティビティを、絵カードを使って
行った。「国際教育」の専門家として様々な教
室活動を実践できるようになることも大切だ。

◆国際教育の展望

　従来の教育では、学習者に知識を体系的かつ効率的に記憶させることに大

きな重点が置かれてきたように思います。しかし、どんなに豊富な知識を持っていても、他者と協力しよりよい社会をつくろうとする意志と技術を持ち合わせていなければ、社会を変えることはできないでしょう。これからの教育では、知識の習得はもちろん、学んだ知識をいかに活用し、異なる文化や社会的背景を持つ他者と力を合わせて平和な社会を作ることができるか、が問われているのではないでしょうか。「国際教育概論」の授業が学生たちの視野を広げ、国際的な社会参加への第一歩を後押しするきっかけとなればと願っています。

（原和久）

IB教員からのメッセージ！

現職のIB認定校の先生から、これからIB教員を目指す方たちへのメッセージをいただきました！

▶ **1** 所属校について／**2** 自己紹介／**3** IBの授業づくりについて／**4** メッセージ

神 久実子
（じん くみこ）

東京都立国際高等学校
歴史担当

1 都立国際高校は日本で初めて英語DP を取り入れた公立高校です。2015年に1期生が入学しました。IB コースの生徒は1学年あたり最大25人で、生徒は数名ずつホームルームに分かれて所属し、学校行事やクラブ活動などは他の生徒と一緒に参加しています。

2 私が都立高校の教員となったのは2010年の4月からで、国際高校のIB コースでは2016年の4月から教えています。国際高校は私の母校でもあります。大学は国際基督教大学で、歴史学を専攻していました。その後イギリスのヨーク大学で近世史を専攻し、私立高校の非常勤講師を経て都立高校の教員となり今に至ります。

3 私自身IB コースで教えていますが、「IB教員であるか？」と問われた時に「はい、そうです。」と断言するのは難しいと感じています。それは「IB教員と名乗るだけのことが自分に出来ているのだろうか。」と思う部分があるからです。

IB 教員であるということはどういうことでしょうか。私が思うにそれは、生徒が今いる枠組みを超えられる問いを投げかけることができること、教員中心ではなく生徒を中心にした授業を組み立てること、生徒に知識というよりはリサーチスキルと問いの立て方、学びの段階に適切な教材を与えること、「知る方法」を問い続けて教科そのものを相対的に見ることができる指導をすること、そして教育の力によって世界を良くすることができるのだと信じることができることです。そのような教員になりたいと願いながら「できている」とはとても言えないのが私の現状です。

IB 歴史教員の難しさは「教科書」に書かれていることをそのまま教えれば良いわけではなく、幅広い文献に対する知識があり、適切な資料を選んで比較させたりすることで「何を根拠にそれを言っているのか、その立場の違いはどこから来ているのか」について考えさせることにあると思います。私も毎回とはいきませんが、意見の異なる二次文献を使ってその違いと共通点を比較させたり、二次文献の根拠となっている一次文献を読ませて、二次文献の解釈が適切かを生徒に

考えさせる機会を設けています。

④ IB教員として大切なことは、「これが正解」ということが分からない中にあえて身を置くこと、それを楽しむための好奇心を持つことかと思います。多様な視点から物事を見ること、正解のない問いに向き合い続けることは簡単ではありません。でも、考え方の違う誰かと新しい世界を作っていく子どもたちを育てるためには、価値のある挑戦だと思います。

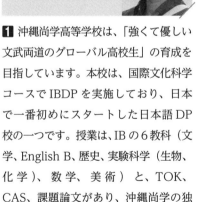

松尾 英樹
（まつお ひでき）
沖縄尚学高等学校
化学担当

① 沖縄尚学高等学校は、「強くて優しい文武両道のグローバル高校生」の育成を目指しています。本校は、国際文化科学コースでIBDPを実施しており、日本で一番初めにスタートした日本語DP校の一つです。授業は、IBの6教科（文学、English B、歴史、実験科学（生物、化学）、数学、美術）と、TOK、CAS、課題論文があり、沖縄尚学の独自の取り組みとして沖縄が発祥の地とされている空手を取り入れた授業もあります。

② 岡山理科大学大学院を修了後、青年海外協力隊の隊員としてエジプトで環境分析に関する技術移転を行いました。帰国後、社会人大学生として熊本県立大学で学び、JICAの短期専門家として技術移転を行っていました。その後、熊本県立大学環境共生学部で助手を勤め、紆余曲折後、沖縄尚学高等学校でIB化学を教えています。IB教員のスタートが高校での教員生活の始まりで、男性教員として初の育児休暇を半年間取りました。IB化学のワークショップリーダー（WSL）、試験採点官とIBの仕事もこなしつつ育児に奮闘中です。

③ 化学は、化学反応の理解や数式を使いこなして説明できる力も必要ですし、化学とはなにか、化学的な試みとはなにかの探究を忘れないようにすることも大切です。例えば環境汚染指標として用いるCOD測定は化学の酸化還元反応に基づいています。使用する酸化剤は日本では過マンガン酸カリウムですが、海外では二クロム酸カリウムが主です。化学反応の理解とその化学物質を使用する社会的背景などを考える良い題材として化学とリアルライフシチュエーションをどうやって結びつけるかを考えながら授業づくりを行っています。また、なぜこのような実験結果になったのか、別の方法でも同じ結果になるのか、どこにエラーが含まれるのか等実験を通してリサーチ、思考、自己管理、コミュニケーション、社会性スキルを身につけるように働きかけています。

④ IBの使命の中に、「世界各地で学ぶ

児童生徒に、人がもつ違いを違いとして理解し、自分と異なる考えの人々にもそれぞれの正しさがあり得ると認めることのできる人として、積極的に、そして共感する心をもって生涯にわたって学び続けるよう働きかけます。」とあります。私がこれまで国際協力を通じて感じた、これからの世の中に必要とされる人物像を言葉で表すならば正にこの一文で示される能力を持った人物であり、私がIB教育に携わっていきたい理由でもあります。技術や資金を投入して途上国の生活水準を上げることは一時的であり、継続させることは困難であるのが現状です。日本国内だけでなく世界中へのIB教育の広がりがより良い世界を築く助けになると思いませんか？皆さんはどう思いますか？私はIB生たちのこれからの活躍が楽しみです。

高田 一樹
（たかだ かずき）

玉川学園
言語A（日本語）担当

1 本学では創立以来、「人間文化のすべてをその人格の中に調和的に形成する全人教育」を教育理念としてきました。これは教科横断的、多角的に論理的判断を養うIBの理念とも合致するもので、2007年から英語ベースのIB教育プロ

グラムを導入し、現在MYPとDPを展開しています。

2 イギリスでPh.D.を取得した後、イギリス、ニュージーランドの大学で教壇に立ち、日本文学、日本語、日本文化を担当しました。帰国後、国会議員政策担当秘書としてIB教育を含む政策研究、教育行政等にも携わりました。

3 授業ではピア・ラーニングとリフレクションに重点を置き、「相手に伝え、相手を受け容れ、ともに高次の意見を創造する」ことを目指しています。そのためアナリティックグループやワールドカフェ、ホットシーティング等、アクティブラーニングのメソッドも活用しつつ、仲間と考えをシェアする機会を多く持てる教授方法を試みています。意見を発信することにも重点を置いています。論述にせよ、口述にせよ、受け手の立場に立って、よりよく伝えることを生徒自身に徹底的に工夫してもらっています。図や表に加え、ときにパフォーマンスも使った発信は、作者の表現の工夫を読み解くことにも役立つものと思います。また生徒相互のリフレクションでは論破するのではなく、協力して新しいステップに進むという目的を確認し、必ず「よかった点」「ここを変えると、もっとよくなる点」を指摘するよう指導しています。なお学習の過程で教員や生徒が作成した資料やスライド等は、紛失を避け、振り返りが容易なようにeラーニングシステムを

使ってデジタル形式で、その都度、保存しています。ポートフォリオに近いものですが、自分だけでなく教員や仲間の作ったものも見られるのが特徴です。ディスカッションや質疑応答で白熱すると時間がたりなくなる展開も多く、生徒たちは授業外にサイバースペースに集まって資料を作成する等、時間節約の工夫も行っています。それでも時間配分・確保にはしばしば頭を悩ませています。

■4 IB教育は「生きること」そのものだと感じています。それは絶えず自己の変化を求められるからだと思います。仲間との日々の学習活動であるディスカッション等を通じて自分の考えが変わっていかなければ「昨日までの自分に負けた」ことになるのだと思います。このプロセスは自分の人生を創っていくことと同義ではないでしょうか。また多様な視点から自らの相対化を導いてくれる他者の存在は、自己の変化に欠かせません。別の言い方をすれば仲間の理解の深まりに、自分が責任を負っているということになります。この「仲間に必要とされる自分がいるという確かな感覚」こそが「生きている手応えとIBを走りぬく力」を与えてくれるように思います。皆さんもIB教育の中でぜひ「生きること」を実感していっていただければと思います。

大西 洋
（おおにし ひろし）
市立札幌開成中等教育学校
数学担当

■1 私の勤務校である札幌市にある市立札幌開成中等教育学校は、日本の公立学校では初となるMYP認定校であり、IBのMYP、DPをベースとした課題探究的な学習の構築を目指している学校です。生徒は、本校の6年間の学びを通して、IBの学習者像をはぐくみ、ATLスキルを身に付けながら自らの学びをデザインしていくことができるようになります。

■2 MYPコーディネーターをしています。数年前までは、福島県で教員をしておりましたが、東日本大震災を機に家族共々、札幌に拠点を移しました。札幌に来るまで国際バカロレアについてはほとんど知らなかったのですが、学校の開校に向けて準備を進める中で、IBのすばらしさに感銘を受け、生涯を掛けて取り組みたいと考えるようになりました。

■3 IBの授業をつくる際には、いかに概念的であるかを重視します。概念とは簡単に言うと、物事をつなげる力と置き換えることができます。生徒は、IBの学びを通して獲得した知識・技能を他の科目・教科の内容や現実の事象とつなげることができるようになります。そこで、授業においては学習内容の広がりやつな

191

がりを意識して構築していきます。ここが IB の授業の面白いところです。これまでの授業よりも教材研究の時間が多くなることは否めませんが、自分自身も教員として大きく成長できる実感があります。

4 IB と出会ってから、学生の頃にもっていた教育に対する理想、教員としてのイメージ、それらを体現できるようになりました。それほど IB には柔軟性がありますし、教育の本質に根差したプログラムだと思っています。何よりも、IB は生徒だけでなく、教員も学び手であり、生徒とともに日々向上していくことを重視しています。生涯を通して、子どもたちとともに成長していける魅力的な IB の世界を覗いてみませんか。

塚本 芳子
（つかもと よしこ）
ル・ジャルダン・アカデミー
言語 B（日本語）担当

1 ル・ジャルダン・アカデミーは「地域及びグローバルコミュニティーと密接な関連を図りながら、生徒一人一人が、卓越性、創造性、情熱、イニシアチブを刺激する学習経験を通し、健全なキャラクターを育む環境を提供する」という教育目標を掲げ、ハワイ州唯一の IB 一貫教育を実施しています。2019 年導入された Impact Term は多角的な学びの場として成果を上げています。例えば、期間中にカンボジアの農村へ赴き、村民と共に橋桁を補強したグループや、地元の介護施設の日本人入所者の人々との交流を通して、社会的な問題について理解を深め、発表したグループもあります。携わった生徒たちは、率先して行動を起こす学習者になります。

2 米国にて、第二言語習得教授法を修了後、帰国。異文化理解、翻訳理論、第二言語教授法などを専門に大学で教鞭をとる傍ら、大学用英語教材と TOEFL や TOEIC の教本の執筆、視聴覚教材の開発、ラジオ講座の執筆出演など、多忙な日々を送っていましたが、ある日、主人がハワイでのビジネスオファーをいただいたのをきっかけに、一家でハワイへの移住を決めました。当初はハワイ大学とル・ジャルダン・アカデミーの掛け持ちで日本語を教えていました。ところが、現在は IB 試験採点官であり、MYP と DP（標準・上級レベル）の言語 B（日本語）を担当しています。

3 IB 教育に携わる者として、言語習得だけでなく、グローバル市民育成を目標とした授業を行うことが求められています。国連で採択された指標「持続可能な開発目標」（SDG：Sustainable Development Goals）を軸に、既成の単元を有機的に捉え、グローバルな関わりを生徒と共に探究するようにしてい

ます。生徒は日頃から外に目を向け、問題意識を持つので、授業内容に妥当性を持たせることができます。真の学びとは、生徒がテーマやトピックの中に自分達への関連性を見出すことです。次に、学習の方法（ATL：Approach to Learning）についてですが、特記すべきは協働スキルです。IB では協働作業をしたグループには全員同じ評価が与えられるので、頑張った生徒さんやその親御さんからは理不尽な評価だと非難されるでしょう。ですが、現場の教師が作業をモニターし、グループワークの成果やプロセスについて生徒が互いに評価し合い、協働作業における共同責任について生徒が考える機会を設ければ、問題は回避できます。実際、このプロセスが上手くいかず、生徒によっては不本意な評価をもらうこともありますが、見方を変えれば、これは社会人になる前の予行演習であり、世の中、思い通りには行かないと気づかせる機会もできるので、むしろIB では奨励すらしているようです。思考スキル向上においては、ブログや学校新聞の記事を書くために議論を組み立てますが、その際に異なる視点を考慮に入れるように生徒に働きかけています。テニスディベート（簡素化したディベート）が効果的な方法であり、自分の考えを広げたり、深めたりするのに役立っています。聴解スキル向上に至っては、実際に耳にした内容を基に解答してゆくた

め、ディクテーションを随時行い、聴いて書く習慣を付けさせています。DP 標準レベルに適切な音声教材が少ないので、ハワイ在住の IB 教員とのコラボでリスニング教材の開発も行っています。

❹ ガイド改訂に伴い、概念理解が DP にも導入されました。生徒が教科間の関連性を見出すために、日本語のクラスでも十分な話し合いを通して、既習内容や具体例の概念化に取り組んでいます。そうすることで、知識も深くなり、思考も整理しやすくなり、将来、仕事や他の分野でも今まで学んできたことを活かすことができるようになります。そして、日本語の習得のためだけでなく、生徒一人一人がいかなる問題に遭遇しても、解決の糸口を見つける判断力を養えるよう、指導していこうではありませんか。

宮城 直人
（みやぎ なおと）
沖縄尚学高等学校
言語A（日本語）担当

❶ 強くて優しい文武両道のグローバル教養人の育成をめざします――。沖縄尚学高校は、生徒たちがグローバル教養人としての資質を身につけるための教育を実践している進学校です。勉強以外にも異文化交流、ボランティア活動、空手などに取り組んでいます。IBDP の導入も

その一つで、2014年に認定校となりました。

2 大学では仏文学を専攻していましたが、特にソシュールから学んだ思想は今でもとても役に立っています。卒業後は予備校で長らく大学受験の指導に携わり、高校での勤務は約10年になりますが、「問題集」による受験勉強や「教科書」を中心とした学習とは異なり、IBのプログラムは文学的な教養を深めることを目的としています。一つの解答を導き出す勉強から、多様な答えを探求する学びへの変換は私自身にとっても貴重な転機でした。

3 IBの授業では何よりも対話を大切にしています。文学の理論や術語などは教師が教えることも必要ですが、生徒とともに作品と向き合い、考え、話し合う運動の中には、多くの発見や驚きがあります。理論と知識だけでは作品を正しく評価することはできません。育ち盛りの生徒たちはゲンキいっぱいで、言葉を振り回しがちですが、言葉を使いこなすのはなかなか難しいことです。例えば料理の説明で、素材や加工方法の詳しい分析だけでは、肝心な味が伝わりません。生徒自身が感じ取った作品の「味」を自分の言葉で語れるようになることが大切です。文学作品には深みがあります。テクストと向き合うたびに、生徒は新しい解釈の可能性に気づき、改めて作者と出会い、そして自己を知ることにもなるで

しょう。これは教師にとっても同じことです。また文学を学ぶことは言葉の魔術を知ることでもあると言えるでしょう。

4 「何にも訪ふことのない、／私の心は閑寂だ。」中也の詩「閑寂」の一節です。「私」とは一体誰なのでしょうか。ぜひ作品を読んで考えてみてください。IBの授業は、テクストを介して教師と生徒が学びあい、教師を介して生徒とテクストの関係性が深まり、生徒を介して教師とテクストが深く出会う、ダイナミックな学びの場です。これからIB教員を目指す皆さんも、IBの授業で多くの驚きと発見に遭遇すると思います。文学に限らず、何のために学ぶのかという質問を生徒たちはよく投げかけてきます。では、文学はなぜ存在するのでしょうか。文学の目的とは何でしょうか。最後にヴァレリーの言葉を贈ります。——文学の目的は、人生の目的と同じく、不定だ。

IB関連文献案内

■IB教育全般

- 西村俊一 (1989)『国際的学力の探究：国際バカロレアの理念と課題』創友社.
- 相良憲昭・岩崎久美子編著 (2007)『国際バカロレア：世界が認める卓越した教育プログラム』明石書店.
- 田口雅子 (2007)『国際バカロレア：世界トップ教育への切符』松柏社.
- 大迫弘和 (2013)『国際バカロレア入門：融合による教育イノベーション』学芸みらい社.
- 江里口歡人 (2014)『IB教育がやってくる！：「国際バカロレア」が変える教育と日本の未来』松柏社.
- 大迫弘和編著 (2014)『国際バカロレアを知るために』水王舎.
- 坪谷ニュウエル郁子 (2014)『世界で生きるチカラ：国際バカロレアが子どもたちを強くする』ダイヤモンド社.
- 福田誠治 (2015)『国際バカロレアとこれからの大学入試改革：知を創造するアクティブ・ラーニング』亜紀書房.
- 大迫弘和 (2016)『アクティブ・ラーニングとしての国際バカロレア：「覚える君」から「考える君」へ』日本標準.
- 大前研一 (2016)『世界への扉を開く"考える人"の育て方：国際バカロレア (IB) 教育が与えるインパクト』ビジネス・ブレイクスルー出版.
- 岩崎久美子・大迫弘和編著 (2017)『国際バカロレアの現在』ジアース教育新社.
- 岩崎久美子編 (2018)『国際バカロレアの挑戦：グローバル時代の世界標準プログラム』明石書店.
- 李霞著 (2018)『グローバル人材育成と国際バカロレア：アジア諸国のIB導入実態』東信堂.
- 大前研一 (2019)『AI時代に必要な学び：インプットからアウトプットの競争へ　リカレント教育、STEAM、国際バカロレア』ビジネス・ブレイクスルー出版.
- H・リン・エリクソン他著、遠藤みゆき・ベアード真理子訳 (2020)『思考する教室をつくる概念型カリキュラムの理論と実践：不確実な時代を生き抜く力』北大路書房.
- 大前研一 (2020)『21世紀を生き抜く「考える力」：リカレント教育・STEAM・国際バカロレア』ビジネス・ブレイクスルー出版.

■分野・教科別

【TOK】

- Wendy Heydorn & Susan Jesudason (2016)『TOK (知の理論) を解読する：教科を超えた知識の探究』株式会社Z会.
- Sue Bastian & Julian Kitching & Ric Sims、後藤健夫編、大山智子訳 (2016)『セオリー・オブ・ナレッジ：世界が認めた「知の理論」』ピアソンジャパン.
- キャロル・ディクソン・犬飼、森岡明美・井上志音・田原誠・山口えりか著 (2018)『「知の理論」をひもとく：UNPACKING TOK』ふくろう出版.

【EEなど】
- 永淵閑 (2016)『国際バカロレアと点才教育：満点獲得IB教員の論文指導』知玄舎.
- 永淵閑 (2016)『IB国際バカロレア満点獲得教員の授業メモ：小論文・エッセイ・コメンタリー執筆：応用編』知玄舎.
- 永淵閑 (2017)『IB国際バカロレア・教員授業ノート5：エッセイ・コメンタリー・小論文、満点獲得IB教員の論文指導』

【言語A】
- 半田淳子編著 (2017)『国語教師のための国際バカロレア入門 ── 授業づくりの視点と実践報告』大修館書店.
- 中村純子・関康平編著 (2019)『「探究」と「概念」で学びが変わる！ 中学校国語科国際バカロレアの授業づくり』明治図書.

【言語B】
- 赤塚祐哉 (2018)『国際バカロレアの英語教育：世界標準の英語教育とその実践』松柏社.

【数学】
- 倉部誠 (2016)『はじめてのバカロレア数学：公式暗記は不要！思考力がつく"社会で使える"数学』BABジャパン.
- 馬場博史 (2016)『国際バカロレアの数学：世界標準の高校数学とは』松柏社.

【教員養成】
- 赤羽寿夫・佐々木幸寿・原健二・藤野智子編著 (2020)『国際バカロレア教育と教員養成：未来をつくる教師教育』学文社.

■関連団体・ホームページ
- 国際バカロレア機構 (IBO)
  https://www.ibo.org/
  ⇒「Resources for schools in Japan」(日本語に翻訳された資料が閲覧できます。)
  https://www.ibo.org/about-the-ib/the-ib-by-region/ib-asia-pacific/information-for-schools-in-japan/
- 文部科学省IB教育推進コンソーシアム
  https://ibconsortium.mext.go.jp/
- 日本国際バカロレア教育学会
  http://jaiber.org/

あとがき

　本書の執筆と編集に着手した時は、2020年という年がこれほどまでに試練の多い、忍耐を強いられる年になるとは思ってもいませんでした。COVIT-19の感染拡大で外出が制限されたり、多くの教育現場で授業がオンラインになったりしました。IB認定校も例外ではなく、毎年5月に行われているIBの最終試験も中止になりました。

　予定通りならば、東京五輪の開会式が行われたはずの7月23日の夕刻、新国立競技場の中央に立つ競泳の池江璃花子選手の映像がテレビで流れました。真っ白な衣装に身を包み、手にはオリンピックの聖火が灯るランタンを持っていました。まるで、五輪の女神のように見えました。何より心に響いたのは、彼女の発したメッセージです。「逆境から這い上がっていくときには、どうしても希望の力が必要だということです。希望が遠くに輝いているからこそ、どんなにつらくても、前を向いて頑張れる。」

　未だ新型コロナウィルス収束の兆しが見えない現在、必要な「希望の力」とは、何のことでしょうか。家族かもしれないし、友人・恋人かもしれないし、仕事かもしれない。答えは、人それぞれに違うはずです。ただ、困難に立ち向かう若者を育成する教育も、「希望の力」になり得ると思います。対立や自国第一主義ではなく、感染症対策やワクチンの開発にしても、連帯して解決に当たる国際協調が不可欠です。

　多様な文化を受け入れ、より平和な世界を築くことに貢献できる若者を育成することが、IB教育の究極の目的です。

　本書が、IB教員を目指す方々にとって、希望の一冊になってくれることを切に願っています。

2020年10月、自宅にて、半田淳子

　末筆ながら、今回も編集の陣頭指揮を執ってくださった大修館書店の木村信之氏に深く感謝いたします。

執筆者・執筆箇所一覧 （執筆順、所属は執筆当時）

半田淳子（はんだ　あつこ）
　国際基督教大学教養学部教授［第1章、第3章］

小松万姫（こまつ　まき）
　東京学芸大学附属国際中等教育学校教諭［第2章①］

山本勝治（やまもと　かつじ）
　東京学芸大学附属国際中等教育学校教諭［第2章①］

遠藤みゆき（えんどう　みゆき）
　関西学院大学教職教育研究センター准教授［第2章②、第3章大学紹介］

小林万純（こばやし　ますみ）
　東京学芸大学附属国際中等教育学校教諭［第2章③］

髙谷真美（たかや　まさみ）
　清泉インターナショナル学園教諭［第2章④］

青木一真（あおき　かずまさ）
　東京都立国際高等学校指導教諭［第2章⑤］

武藤哲司（むとう　てつじ）
　ぐんま国際アカデミー中・高等部教諭［第2章⑥］

大西洋（おおにし　ひろし）
　市立札幌開成中等教育学校教諭［第2章⑦、IB教員からのメッセージ！］

後藤保紀（ごとう　やすのり）
　ぐんま国際アカデミー中・高等部教諭［第2章⑧］

眞砂和典（まさご　かずのり）
　岡山理科大学グローバル教育センター長［第3章大学紹介］

藤井彰子（ふじい　あきこ）
　国際基督教大学教養学部准教授［第3章大学紹介、授業紹介］

星野あゆみ（ほしの　あゆみ）
　玉川大学大学院教育学研究科教授［第3章大学紹介、授業紹介］

川口純（かわぐち　じゅん）
　筑波大学教育学域助教［第3章大学紹介］

原和久（はら　かずひさ）
　　都留文科大学文学部国際教育学科教授［第3章大学紹介、授業紹介］
赤羽寿夫（あかはね　ひさお）
　　東京学芸大学教職大学院教授［第3章大学紹介］
神久実子（じん　くみこ）
　　東京都立国際高等学校教諭［IB教員からのメッセージ！］
松尾英樹（まつお　ひでき）
　　沖縄尚学高等学校教諭［IB教員からのメッセージ！］
高田一樹（たかだ　かずき）
　　玉川学園教諭［IB教員からのメッセージ！］
塚本芳子（つかもと　よしこ）
　　ル・ジャルダン・アカデミー教諭［IB教員からのメッセージ！］
宮城直人（みやぎ　なおと）
　　沖縄尚学高等学校教諭［IB教員からのメッセージ！］

[編著者紹介]

半田淳子（はんだ　あつこ）
東京都生まれ。東京学芸大学大学院で教育学修士を、東京大学大学院で文学修士を取得。
その後、モナッシュ大学（オーストラリア）で博士号（日本研究）を取得。現在、国際基督教
大学教養学部教授。専門分野は、日本近代文学、国語教育、日本語教育。
編著書に『国語教師のための国際バカロレア入門――授業づくりの視点と実践報告』（大修
館書店）、著書に『永遠の童話作家　鈴木三重吉』（高文堂出版）、『村上春樹、夏目漱石
と出会う――日本のモダン・ポストモダン』（若草書房）など。IB関連の論文に、「本質・学際・
言語学習――国際バカロレアが示すこれからの教師像」（『日本語学』2015年10月号）、「高
等学校国語科『学習指導要領』とDP『言語と文学』の二つの改訂をめぐって――『概念』
理解に重点をおいた指導とは」（『月刊国語教育』2019年5月号）などがある。

国際バカロレア教員になるために
――TOKとDP6教科の学びと授業づくり
©HANDA Atsuko, 2020 　　　　　　　　　　　　　　　　NDC 375／viii, 199p／21cm

初版第1刷――2020年12月10日

編著者―――――半田淳子
発行者―――――鈴木一行
発行所―――――株式会社 大修館書店
　　　　　　　　〒113-8541 東京都文京区湯島2-1-1
　　　　　　　　電話 03-3868-2651（販売部）03-3868-2291（編集部）
　　　　　　　　振替 00190-7-40504
　　　　　　　　[出版情報] https://www.taishukan.co.jp

装丁者―――――内藤惠子
印刷所―――――広研印刷
製本所―――――ブロケード

ISBN 978-4-469-22273-9 Printed in Japan